okiyome fusui book

お清め風水ブック

林 秀静

三才ブックス

はじめに

昨今、日本でも流行の風水術。おまじないの一種だと思われているようですがそうではありません。風水とは古代より中国に伝わる環境学のことです。

どのような土地に都や墳墓を造ると国は繁栄するのか、どのような家に住むと富や健康に恵まれるのか。その逆にどのような家に住むと貧困、トラブル、災難を招くのか、というような環境ついての知識の集大成が風水です。

中国に「趨吉避凶《すうきちひきょう》」という言葉があります。その意味は〝吉に赴くことが大事である。そして凶を絶対に避けるべし〟。中国は広大な土地ゆえに国同士の戦乱も多く、生きていくのが大変な時代でした。そのような環境下では、まず危険な場所、悪いものを徹底的に避けることが優先されます。実際に、様々な事柄を見ても、危険な場所、悪いものさえ避けていれば、特に良いことをしなくても、自然に運はよくなっていきます。それに加え、利となる場所、良いものに接していけば、な

introduction

およし、というのが生き残りの知恵というわけです。つまり危険を察知したらそれを徹底的に避けること。危機意識こそが、人に幸運を与え、人生を安泰にすると説いているのです。

したがって、住まいはまず危険な場所を避けること。そして家の中の危険な風水も除いて、改善することが第一優先となりますね。

さて、我々の環境に目を転じてみると、家の中の環境にも風水的なNGを発見することができます。そうしたNG風水が、ときには災厄の原因になることもあります。なので、この本で風水におけるNGを認識して、それらをひとつひとつ改善していきましょう。結果として、家の気は清められ、運気が上向いていくはずです。

人間の暮らしは様々な技術や開発が進んで、暮らしやすくなり生活が便利になった反面、化学薬品、放射能、環境汚染、食品添加物といった新たな危険にさらされています。人間が古来避けてきた自然災害、その他の様々な危険から身を遠ざけることこそが、人命の安全を確保し、心身の健康を守り、運気を上げて、豊かで幸せな人生を作ると思っています。ぜひ、NG風水から改善してください。気の流れが変わり温和な気を感じると思います。

林秀靜

お清め風水

contents

column

風水の基本

風水とは大地を駆ける「気」をコントロールする環境学

「風水」は４千年前、中国で生まれた環境学です。当時の中国の人々は大地のエネルギーが、国の繁栄や人の命に大きく影響すると考えていました。エネルギーは「気」と解釈され、国や子孫の繁栄のため、より良い「気」を持つ土地を判断する研究が行われました。そしてついに「気は風によって散じ、水によって止まる」という法則を発見したのです。風に乗って大地を吹き渡る気は、河川や海などの水辺に接して区切られるというわけです。ここから「風水」という言葉が生まれました。さらに、大地を走る「気」の通り道を「龍脈」と定め、さらに、気が集中するスポットを「龍穴」とするなど、地形を符号化することでわかりやすくしました。山や谷、河川などの地形に「龍脈」や「龍穴」を探し出すことで、大地の気が活発に流れる土地を見つけ出し、そこに墳墓、都、街などを作ったのです。風水はいかにしてその土地の気を見きわめ、陰の気を防ぎ、陽の気を取り入れるかのノウハウを集結したものです。

運気を左右する「気」は風にのってやってきます。そのため、家の中の風通しを良くしておくことが大切です。また、ホコリや湿気、暗い空間などには悪い気が定着し、良い気が通わなくなります。整理整頓と掃除、換気、陽当たりや照明器具への配慮を怠らないことも必須事項です。人にとって心地よく健康的、なおかつ安全で住みやすい環境を維持することが、良い気を呼び運気を上げる方法なので、風水術はとても理にかなったものなのです。それでは、これらの風水の基本を頭に入れて、これから紹介する風水術を実践していきましょう。

お清め風水

chapter 1

玄関は気の入り口。ここの環境が悪いと、家に入ってくる気の総量が少なくなり、結果、家全体の運気を下げることになってしまいます。まずは、家の運気のボトルネックになっていないか、玄関のNG風水をチェックしましょう。玄関を清めれば、家全体の運気がUP！

entrance

玄関のお清め

玄関を清める

玄関を風水で浄化して家全体の気の総量をUP!

玄関でこれだけはやりたい 風水ベスト5

1 暗い陰気な玄関を照明で明るくする

2 玄関のたたきに靴を置きすぎない

3 玄関の鏡は内側から見て左側に置く

4 玄関に品の良い絵を飾って雰囲気UP

5 下駄箱内にある不要な靴を処分する

絶対的な気の入り口 運気はここから家の中へ

玄関は気の入り口。人間と同じように、気も玄関から家の中に入ってきます。ここの環境が悪いと、家に入ってくる気の総量がそもそも少なくなってしまい、結果、家全体の運気を下げることになってしまいます。お金持ちの家の玄関が、共通して広くて清潔であることは、風水的には理に適っているのです。

良い気が好むのは、基本的に広々とした清潔な場所。物やホコリだらけ、不潔で陰気な玄関では誰も入る気がしないように、良い気もその有り様を見て、引き返してしまいます。まずは、玄関が家の運気のボトルネックになっていないか、風水でチェックしてきましょう。

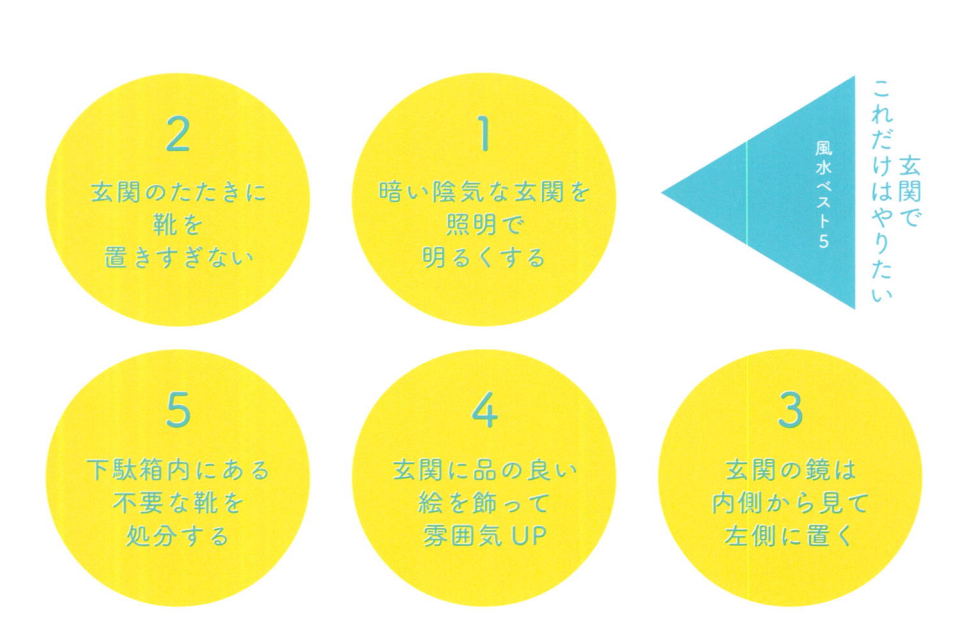

金運 を下げている原因はコレ!

玄関が暗い……

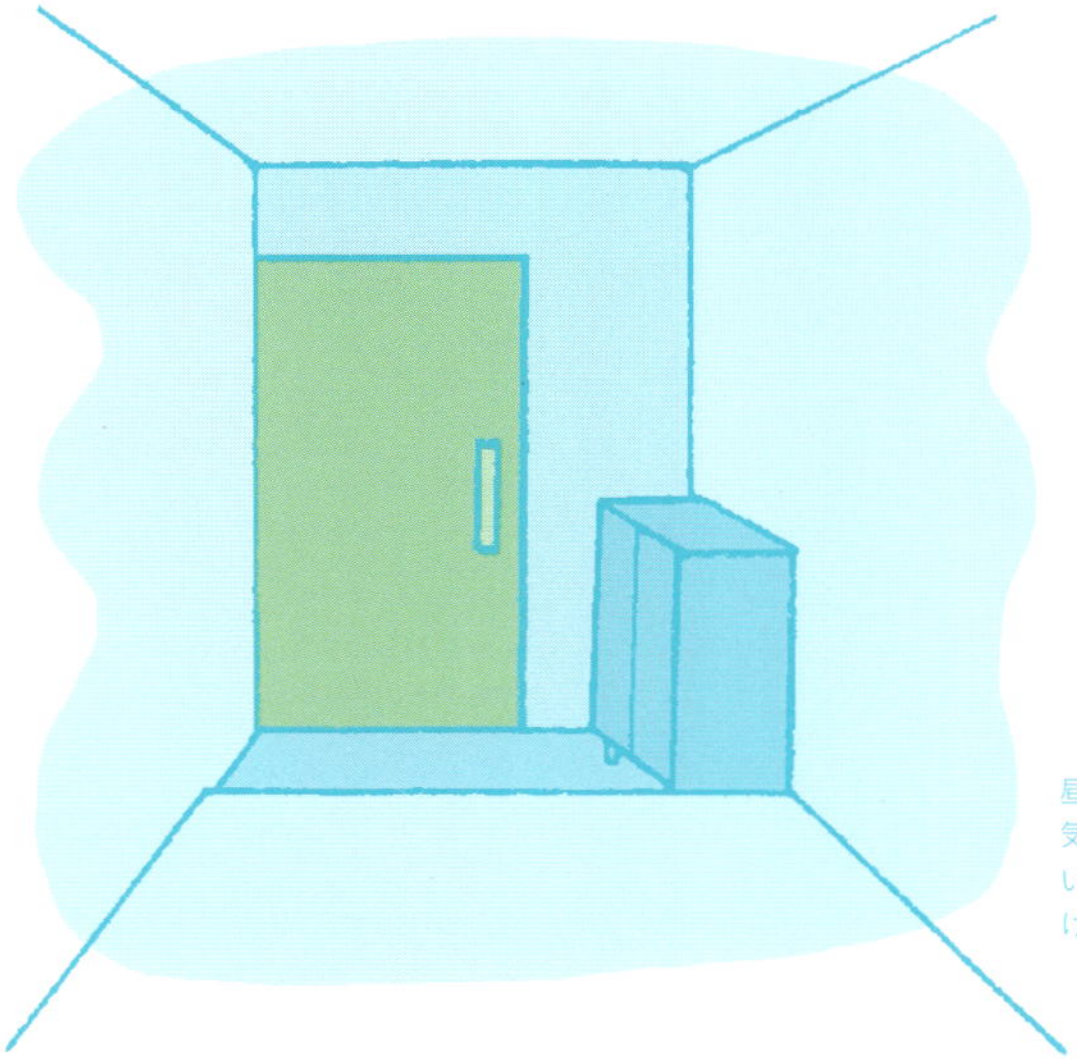

昼間から暗い玄関では気もどんより停滞。暗い場所を嫌う金運が逃げていってしまう。

お清め風水

entrance rule

001

薄暗い玄関は照明をプラスして明るさUP

日当たりが悪い玄関は照明を明るいものに

日当たりが悪い玄関は昼間でもダークな空間。天日で浄化されないので、いつもじっとり湿っています。こうした陰の気が漂う玄関は、風水ではきわめて問題ありと言っていいでしょう。構造的に太陽の光を取り入れることができない場合は、照明を明るいものに替えるなど、空間をできるだけ明るくするようにしましょう。

お清めmemo

玄関が暗いと、たとえお金が入って来てもすぐに出て行ってしまうなど、とくに金運に悪影響をおよぼします。家のまわりの木が鬱蒼としていて日当たりが悪くなっている場合は、木を剪定して日照を確保しましょう。明るい玄関に福が入ってきやすいことを覚えておきましょう。

全体運
を下げている
原因はコレ！

たたきがモノであふれている

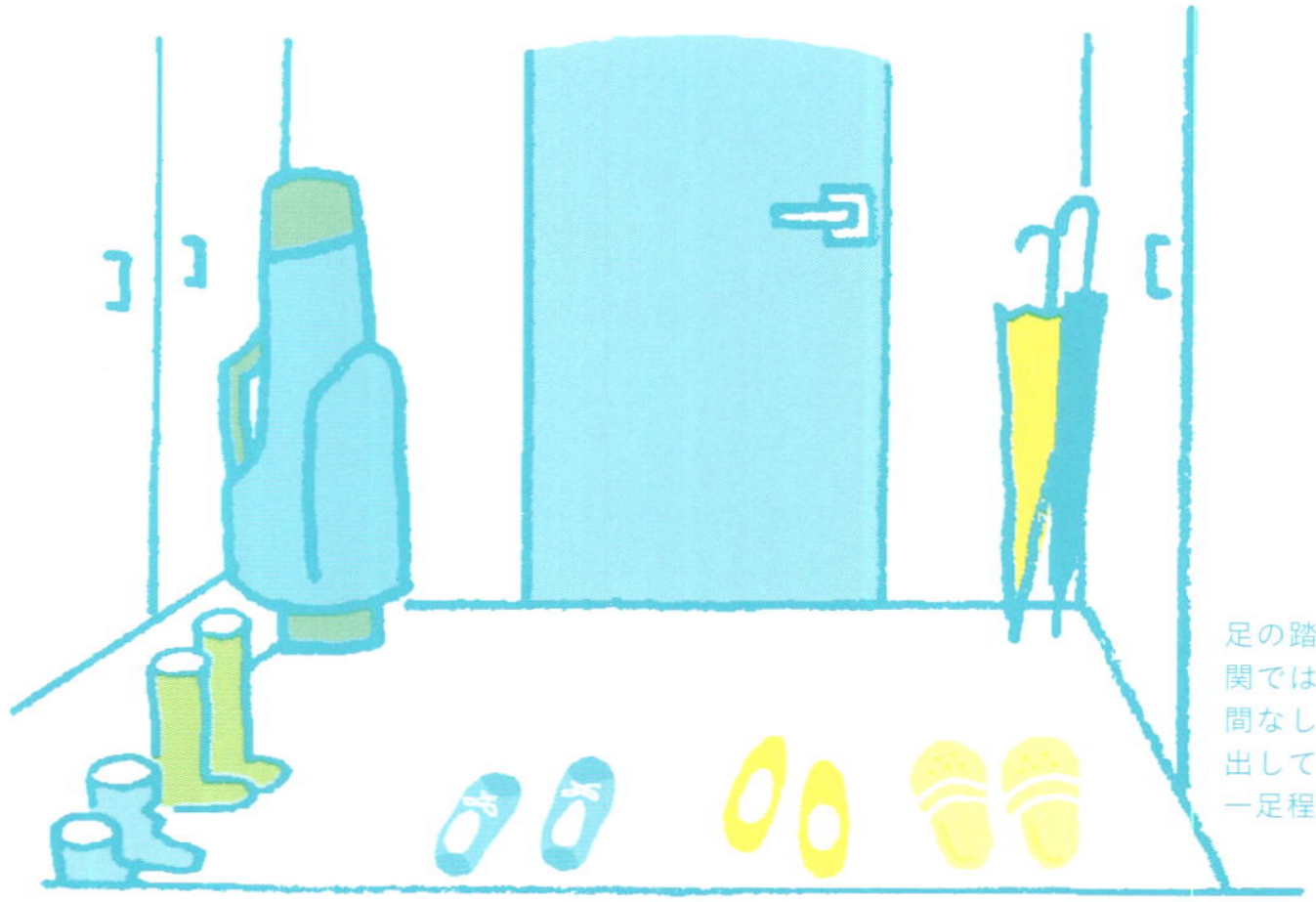

足の踏み場もない玄関では、気の入る隙間なし！　たたきに出しておく靴は一人一足程度に。

お清め風水

entrance
rule

002

たたきに置く靴は一人一足程度にする

玄関を物置ではなくウェルカムスペース

履いていない靴、使っていない傘、スポーツ用品まで。たたきがモノだらけになっていませんか？ これでは、外から良い気が入ってくるスペースを自らつぶしているようなもの。玄関は外から入ってくる良い気をいったんプールするための場所でもあります。たっぷり良い気を貯められるように、広い空間にすることが理想です。

お清め memo

気の入り口である玄関は「広く、明るく、清潔に」が鉄則です。そこがモノだらけでは掃除も行き届かずホコリだらけになって、悪い気の温床となってしまいます。モノは必ず収納し、たたきは定期的に拭き掃除をして、たまには水洗いして磨き、良い気を呼び込むようにしましょう！

金運
を下げている
原因はコレ！
→ **玄関から直線上に窓がある**

玄関から入ってきた気が、正面の窓をめがけて一直線。そのまま出ていってしまう。

お清め風水

entrance rule

003 ついたてやクロスで逃げ出す気をキャッチ

良い気が逃げてしまう「洩《ろう》財《さい》宅《たく》」という間取り

玄関からすぐ、正面に窓やベランダがダイレクトに見える家。この間取りは「洩財宅」といって、外から入って来た良い気や、金運がそのまま出て行ってしまう残念な相です。どんなに働いてもお金は逃げ出し、事故や怪我、訴訟などにも遭いやすくなります。平和な生活とは縁遠く、ついていないと嘆く状態になる前に早急な対応を。

お清め memo

洩財宅の場合は、窓やガラス戸と、玄関ドアとの間についたてなどを置いて、気の流れを曲げるのが効果的。ついたての代わりに背の高い観葉植物、のれんやクロスで気の流れを変えてもOKです。せっかく入って来た良い気やお金が逃げ出さないように、ちょっとした風水を施しましょう。

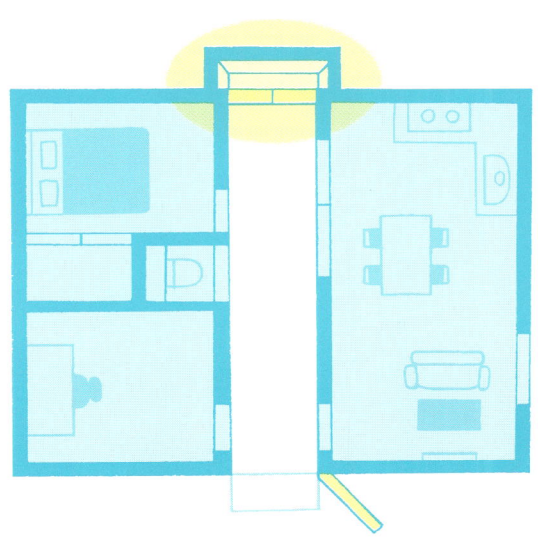

金運を下げている原因はコレ！

玄関を上がってすぐの階段

気は階段の上り下りでエネルギーを消費。住人は苦労して働くはめになってしまう可能性がある。

お清め風水

entrance rule

004

玄関すぐの階段は植物で悪気をブロック

玄関すぐの階段といったよくある間取りも要注意

玄関を入ると、すぐ目の前にある階段。よくある間取りですが、実は凶作用が働く可能性大。また、玄関からすぐの吹き抜けや、長い廊下がある場合も要注意！　殺気が一気に吹き抜けて家中を回ります。しかも階段の上り下りで玄関から入ってきた気が消費されてしまうので、心身ともに苦労してお金を稼ぐ生活になりかねません。

お清めmemo

こういった間取りの場合には、玄関と階段との間に観葉植物を置き、気の流れを変えて悪い気を緩和させるようにします。明るい玄関には良い気が入ってくるので、照明器具で灯りをプラスするのも効果あり。階段前に物を置くスペースがないという場合は、のれんやクロスをかけましょう。

全体運
を下げている
原因はコレ！

玄関の右側に鏡がある

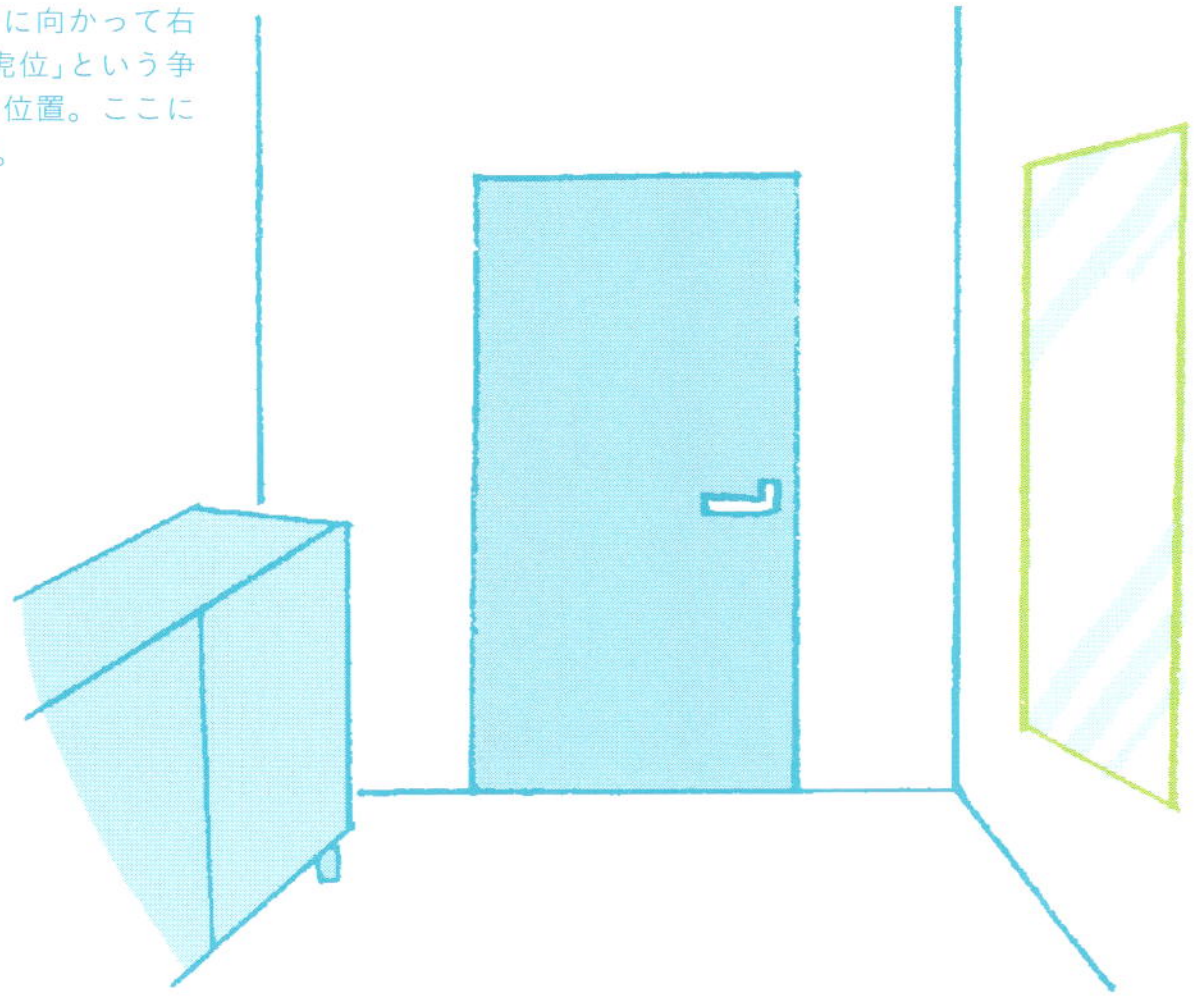

玄関ドアに向かって右側は「白虎位」という争いごとの位置。ここに鏡はNG。

お清め風水

entrance
rule
005

玄関の鏡は右側から左側に移して開運！

玄関の鏡は置く場所で運気がまったく変わる

出がけにメイクや服装をチェックするため、玄関に鏡を置いていませんか？　問題はその位置。家の内側から玄関ドアに向かって右側に置くのはNGです。右側は争いごとに関連する「白虎位」というスポット。鏡は入って来た気を家の奥へと送り込む作用があるので「白虎位」が招いたトラブルが家中に広がってしまいます。鏡はドアに向かって左側の「青龍位」に置くようにしましょう。ここは幸運のスポットなので、鏡が良い気を呼び込み、家中に流れ渡るようにしてくれます。もし鏡が取り外せない場合は、明るい色のクロスで覆ったり、縁起の良い絵を飾ってカバーしましょう。

全体運
を下げている
原因はコレ！

ドアを開けた真正面に鏡

鏡のパワーで、せっかく家の中に入ってきた良い気まで外に跳ね返してしまう。

お清め風水

entrance
rule

006

良い気を跳ね返す位置にある鏡は外す

玄関に飾る鏡は場所を間違えると運気がダウン

玄関の正面にチェストやコンソールを置き、その上に鏡を配したり、突き当りが洗面所で鏡があったり、といったインテリアではありませんか？　鏡は風水でもとても強い力があるとされ、使い方を間違えると大変なことになります。玄関正面に配した鏡は、せっかく入って来た良い気をことごとく跳ね返してしまうのです。その場合はすぐに外しましょう。洗面所の鏡などで取り外せない場合は、洗面所のドアにのれんやクロスをかけて鏡の反射をブロック。玄関に鏡を飾る場合には、ドアに向かって左側の青龍位が幸運スポットなので、そこに飾るのがオススメです。

全体運
を下げている
原因はコレ！

玄関の真正面にトイレ

トイレの悪い気が日々、玄関に漏れ出して充満していくため、気が汚れてしまう。

お清め風水

entrance
rule
007

トイレからの悪い気はついたてでブロック！

トイレからの悪い気を閉じ込めるための風水を

家族やお客さまを心地よく迎えるための玄関。清潔で清浄であるべき場所が、トイレのドアが正面にあったら、せっかく入ってきた良い気までもがトイレに直行してしまいます。さらにトイレのドアから漏れる悪い気が玄関に充満してしまい、入ってきたお金は即刻去り、夫婦は不和に。怪我や病気に見舞われ運勢は次第に悪化します。

お清め memo

このような間取りの場合には、何より、トイレのドアをきちんと閉めておくことが肝心です。玄関ドアとトイレのドアの間についたてやスクリーンを置いたり、のれんやクロスを掛けて悪い気の流れを遮断しておきましょう。玄関に観葉植物を置いておくのも気の清浄化に効果的です。

交際運
を下げている
原因はコレ！

玄関スペースの下品な絵

不快な気分になる絵は良い気も遠ざけて、やってくるのは悪趣味で下品な人と悪運ばかりに。

お清め風水

entrance rule 008

玄関スペースの絵は品が良いものに交換を

玄関は住む人の品格が表れる大切な空間

玄関には住む人の品格と気質が表れます。そこに下品で悪趣味な絵や装飾を飾っていれば、「一事が万事、下品で悪趣味な人なんだろうな」という第一印象を持たれてしまいます。人の趣味はそれぞれといえど、同じように品がなく悪趣味な人ばかり招き寄せてしまうことに。こういう人々は得てして災いを運んでくるので要注意です。

お清め memo

玄関に飾る絵やポスターは上品で趣味の良いものにすることで、運気はUPします。上質で美しいものや豊かな気持ちにさせてくれるもの、縁起の良いモチーフを用いた絵や版画、オブジェなどを飾るのもおすすすめ。心豊かな人々が集まり、そういった人たちは、幸運を一緒に運んできてくれます。

全体運
を下げている
原因はコレ！

下駄箱が靴でギュウギュウ

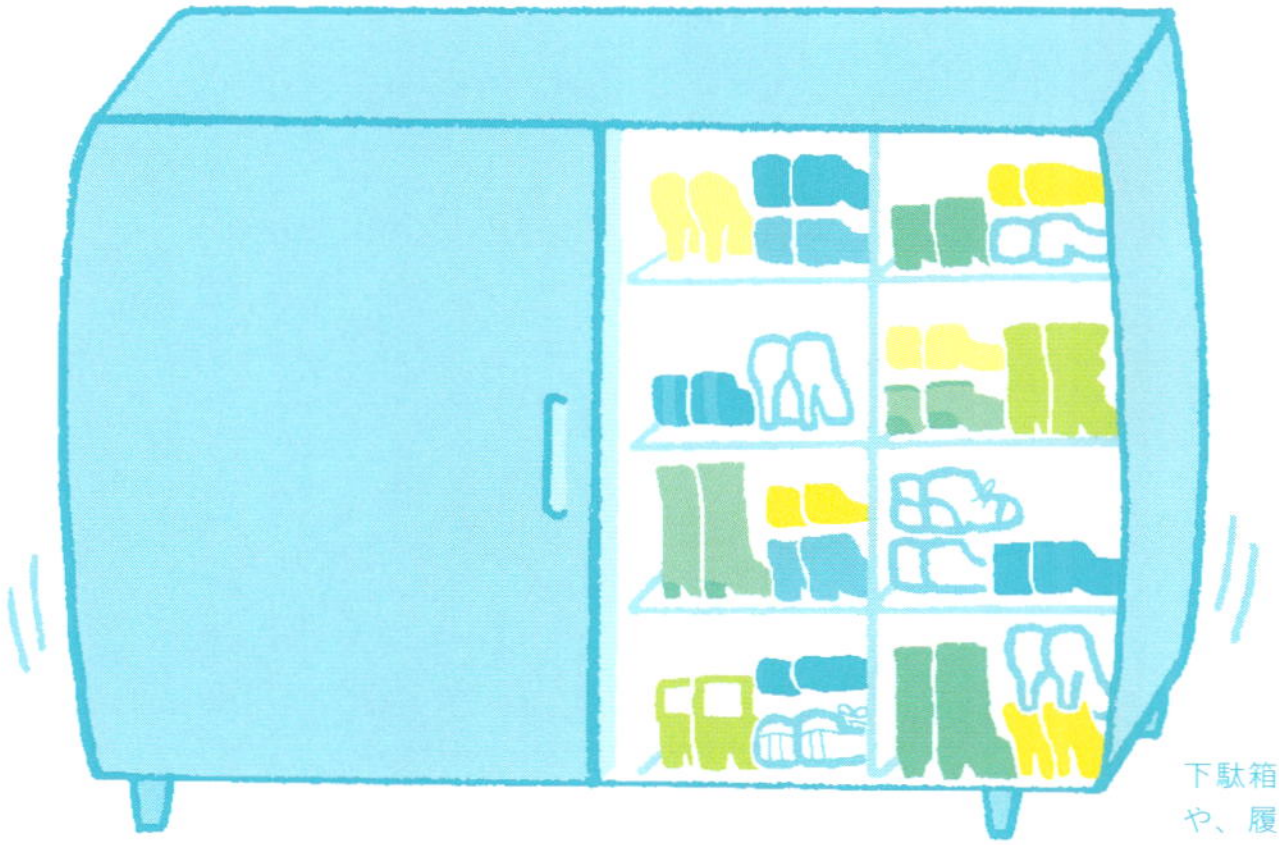

下駄箱の中には古い靴や、履いていない靴でギュウギュウ詰めでは良い気が入り込む余地なし。

お清め風水

entrance rule

009

履かない靴は処分し下駄箱に陽の気を

下駄箱には適度なすき間が必要

形が好きでも疲れやすく、何年も履いていない靴や、履きつぶして型くずれした靴。そんな不要な靴までとってあって、下駄箱の中がギュウギュウ詰め！そんな下駄箱内は陰の気が充満しています。湿気や靴の匂いは、玄関の気を汚す原因。穢れた気が蔓延していると良い気は入れず、訪れる人もみな不快な印象を抱くはず。古い靴や汚れた靴は処分しましょう。季節限定の靴は、履かない時期には箱に入れ、きちんと収納します。下駄箱内は詰め込み過ぎず空間の余裕を持たせないと、良い気が入るスペースがなくなります。定期的に拭き掃除して清潔に保ち、炭などで消臭を。

金運を下げている原因はコレ！

玄関先に自転車を置いている

玄関先に置かれた自転車が、家に入ってくる気を邪魔してしまうので、置く場所には注意が必要。

お清め風水

entrance rule 010

不要品やゴミ処分で気を呼ぶスペース確保

玄関先は広く清潔に保つことで開運！

自転車やカート、枯れた鉢植などが邪魔して、玄関ドアまでの通路が狭くなっていませんか？ 玄関の前面は、「明堂」といって、外からの良い気を家に呼び込むための大切なスペース。この場所を広く確保することが、すべての成功と金運につながります。そんな大切な場所が物でふさがれていては、福の神は寄りつきません。

お清めmemo

置く場所がないからといって、いつの間にか玄関先にたまってしまった必要ない物や古めかしいものは、すみやかに撤去しましょう。欠けていたり使っていない植木鉢や枯れ葉、ゴミは集めて捨てます。玄関前の空間をいつも掃き清めて、きれいに保つことが金運UPへの近道です。

全体運
を下げている
原因はコレ！

玄関ドア前にエレベーター

エレベーターは、乗る人たちのトラブルの気も抱えた状態。その気が家に入ってしまう可能性大。

お清め風水

entrance rule

011

エレベーターからの邪気は厚いのれんで封じる

悪い気が家に入らないよう確実にブロック！

自宅がマンションにある場合、建物内のエレベーターの扉と玄関が向かい合っている場合も。これは「開口煞《かいこうさつ》」といって、エレベーターのドアが口を開いている形となり、激しく気が出入りします。エレベーターに乗った人々のさまざまな気が自分の家に入り込んでくるので運気も下降します。機械音も生じ心理的にも悪影響です。「煞」とは悪神、邪なもの、凶悪なものを意味します。風水では意図せず人々に悪影響を与える事柄や現象を取り上げ、対処法を考案しています。「開口煞」には玄関ドアの内側に、厚めののれんやクロスなどを設置して防ぐことが効果的です。

全体運

を下げている
原因はコレ！

玄関前に障害物がある

電柱や大きな石などの障害物が玄関前にあると、邪気が家の中に入ってしまうのでが注意が必要。

お清め風水

entrance
rule

012

八卦鏡や魔除けで殺気をブロックする！

玄関前の環境も運気を左右する重要な要素

玄関を出て真正面に電柱や大きな石があったらくれぐれもご注意。または家屋が道路やT字路の突き当りにあったり、向かいの家の角や湾曲した道路が玄関を直撃！　これはきわめて危険な状態です。「形煞《けいさつ》」と言って形の上の殺気となり大凶の相です。住人にケガや事故はじめ、さまざまな災難がふりかかってもおかしくありません。

お清めmemo

電柱や向かいの家などは取り除くことができないので、その場合には玄関の上に、風水アイテムの八卦鏡を取り付けるといいでしょう。魔除けの役目をする石碑、石敢當を立てるのも効果的。あるいは高い植え込みを設け殺気の直撃をブロックするか、背が高い観葉植物を置いて防ぎましょう。

家庭運

を下げている原因はコレ！

目の前に隣家の玄関がある

お向かいの家と玄関同士が向き合っていたら家族の間でトラブル続出の可能性がある。

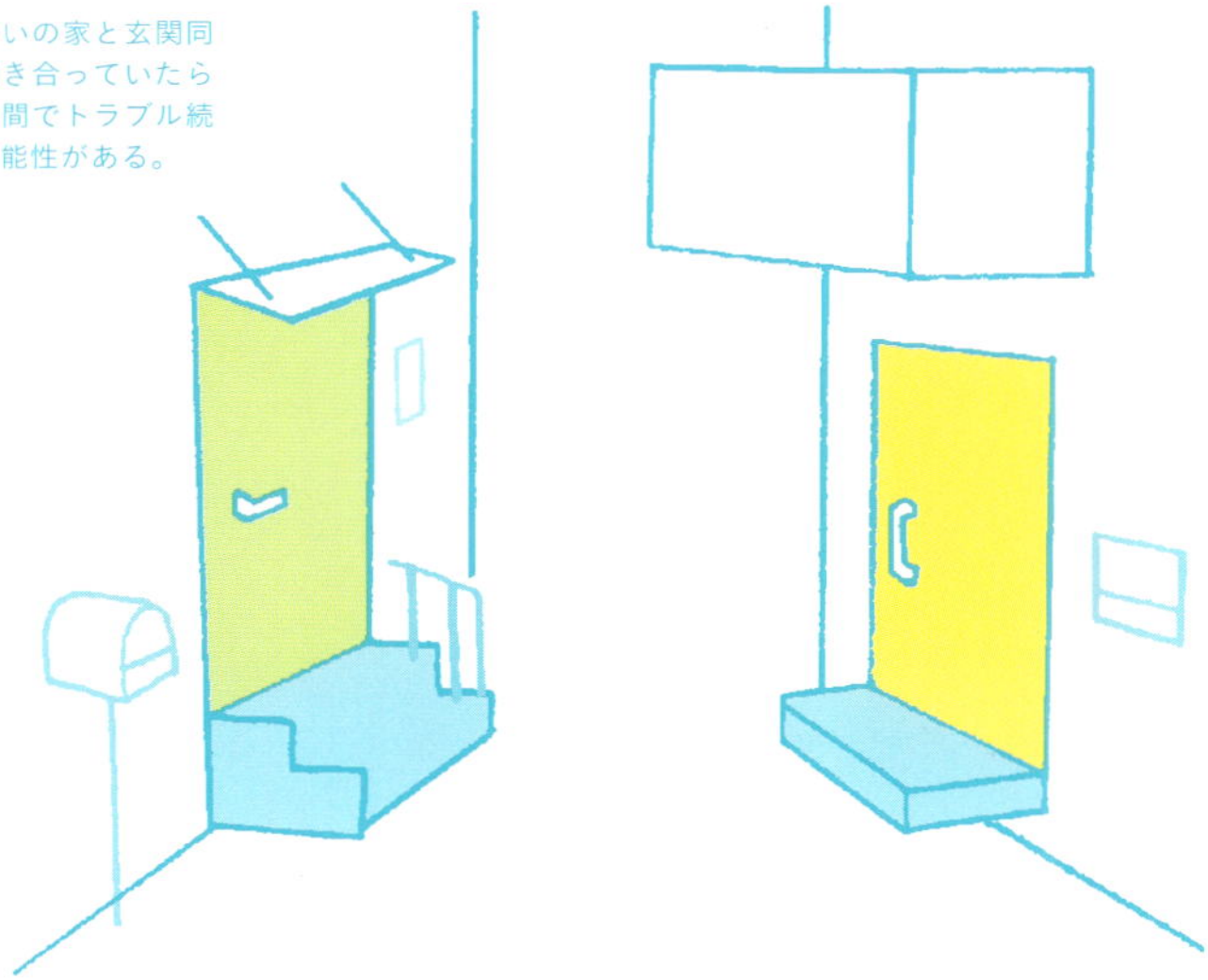

お清め風水

entrance rule

013

魔除けの効果がある羅盤で防御する！

家の玄関が向き合う相は家庭内のトラブルが多発

日々、出入りする玄関。生活の要であり、良い気を迎え入れるための最重要スポット。この場所が隣りの家の玄関ドアと向き合っていたら？　ありがちなケースですが、実はその家庭にトラブルが続出する相です。夫婦や家族間で意見の衝突や口論が絶えなくなり、家庭の和が失われていきます。こうした状況がやがて財運にも悪影響を！

お清めmemo

こういった場合には、下駄箱などの上に、魔除けの効果がある易の先天八卦が彫られた「羅盤」を設置するといいでしょう。向かいの玄関ドアとの間に、背の高い観葉植物を置いてブロックするのも効果的です。さらに玄関ドアの内側にはクロスやのれんなどを掛けておけば効果大。

全体運
を下げている
原因はコレ！

玄関前に大木がある

大木が気の通りを妨げてしまう凶相。家の中の気は停滞し、トラブルが続出することも。

お清め風水

entrance rule

014

玄関前の大木は取りのぞいて開運！

気を妨げるだけでなく「頂心煞《ちょうしんさつ》」という凶相

玄関ドアを開けると、正面に大きく枝を伸ばした大木がそびえている。これは、「頂心煞」といって凶相で「形煞」の一種です。気の通りが悪くなる弊害もありますが、大木の直線ラインが、玄関を冲射していること自体が悪いのです。これはこの家に住む人に、さまざまなトラブルがもたらされることを暗示しています木を切って気の通りを良くするのが最善の方法ですが、公共の木や他家の木だったりすれば、勝手に切るのは不可能です。そんな場合は、玄関についたてを置いたり、玄関のドアの外に八卦鏡(凸面鏡)を掛けたり、灌木の植え込みをつくりましょう。凶相が改善されます。

全体運
を下げている
原因はコレ！

表札が汚れている

表札やインターホンは掃除せずに汚れたままになりがちなので、注意が必要。

お清め風水

entrance rule

015

ピカピカに磨いた表札で福を招く！

意外と盲点の表札も風水では重要ポイント

表札やインターホンは予想外に汚れているものです。長年のホコリがこびりつき、とくにインターホンのボタン部分は来客の手垢もついています。家の顔である表札やインターホンは、新しいお客さまを迎え入れるためのもの。これが古ぼけて汚れていたり手垢だらけでは、良い知らせをもたらしてくれるような来訪者は望めません。その家を代表する表札はできるだけ立派なものを選ぶのはもちろん、インターホンともども、つねに磨き上げピカピカにしておきましょう。ドアやドアノブも磨いておくと、より良い知らせがもたらされるはず。福の神はピカピカした物や場所を好みます。

お清めコラム 1

イヤな臭いや悪い気は炭の消臭パワーで退治!

イヤな臭いや悪い気がこもりがちなトイレは悪い気を放つ原因になりやすい場所。風水では悪臭も悪運を呼ぶ要因とされます。クサいトイレからは金運もとっとと逃げ出してしまいます。掃除と換気をこまめに行って、臭いのもとを絶ち、いつも良い気が流れるようにしておきましょう。

さらに、消臭効果のある炭を置いておくことも効果的なのでオススメ。炭には表面に無数の穴が開いていて、そこから臭いを吸収してくれる脱臭作用があるのです。

ここで注意したいのが、黒という炭の色。風水的にダークな色は室内に置く小物に不向きで、良くない気が取り憑いて定着してしまう可能性もあります。そのまま飾るのはおすすめしません。天然素材のかごに入れたり、紙に包んだりして目隠ししておきましょう。

消臭したトイレには、お香を炊いたりフローラル系のアロマエッセンスを入れた容器を置くなどして、良い香りをプラスしてみましょう。お香には空間の気をよくする効力があるとされます。良い香りが漂う清潔なトイレは、人が入っても快適で心地良いもの。良い気を呼び込み、金運や健康運をつかまえましょう。

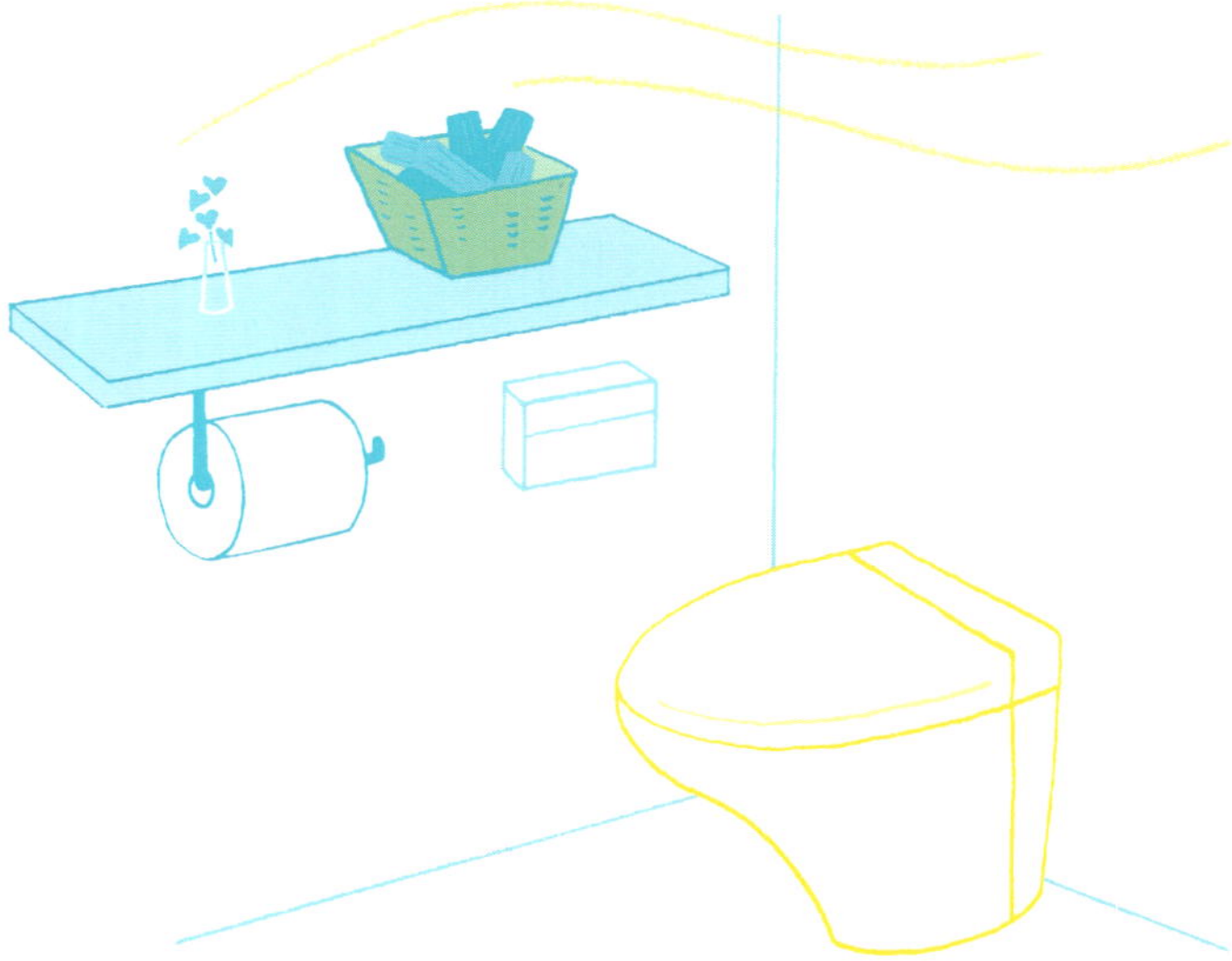

お清めコラム 2

玄関に五黄が巡る年は金属製の風鈴を吊るす

風水では、この世界にある事象はすべて、「木、火、土、金、水」という5つの要素の「気」で構成されると考え、これを「五行」といいます。また風水では「九星」も使います。九星の起源は、〝洛書〟に記された、易学の法則を意味する9つの数字に、聖人が名前を付けたことに始まります。以来、方位の吉凶や風水の善し悪しを判断する際に用いられてきました。「一白、二黒、三碧、四緑、五黄、六白、七赤、八白、九紫」からなる九つの星が、毎年、八つの方角と中央からなる九つの宮を順に巡ります。

九星の中でも「五黄」は、災厄やトラブルメーカーを象徴する悪い星とされ、凶星の代表とされます。しかもこれが毎年、家のどこかの方位にくるので注意が必要です。

とくに玄関は、家で一番重要な気の入り口なので、今年はどうも災難やトラブル続きだという場合、もしかすると玄関の方位に五黄がめぐっているせいかも知れません。

そんな時の対処法は、玄関に金属でできた風鈴を吊るしておくこと。金属の風鈴が放つ音には悪い作用を転化させる力があり、邪気を祓うとされています。

10年間に五黄が巡る方位

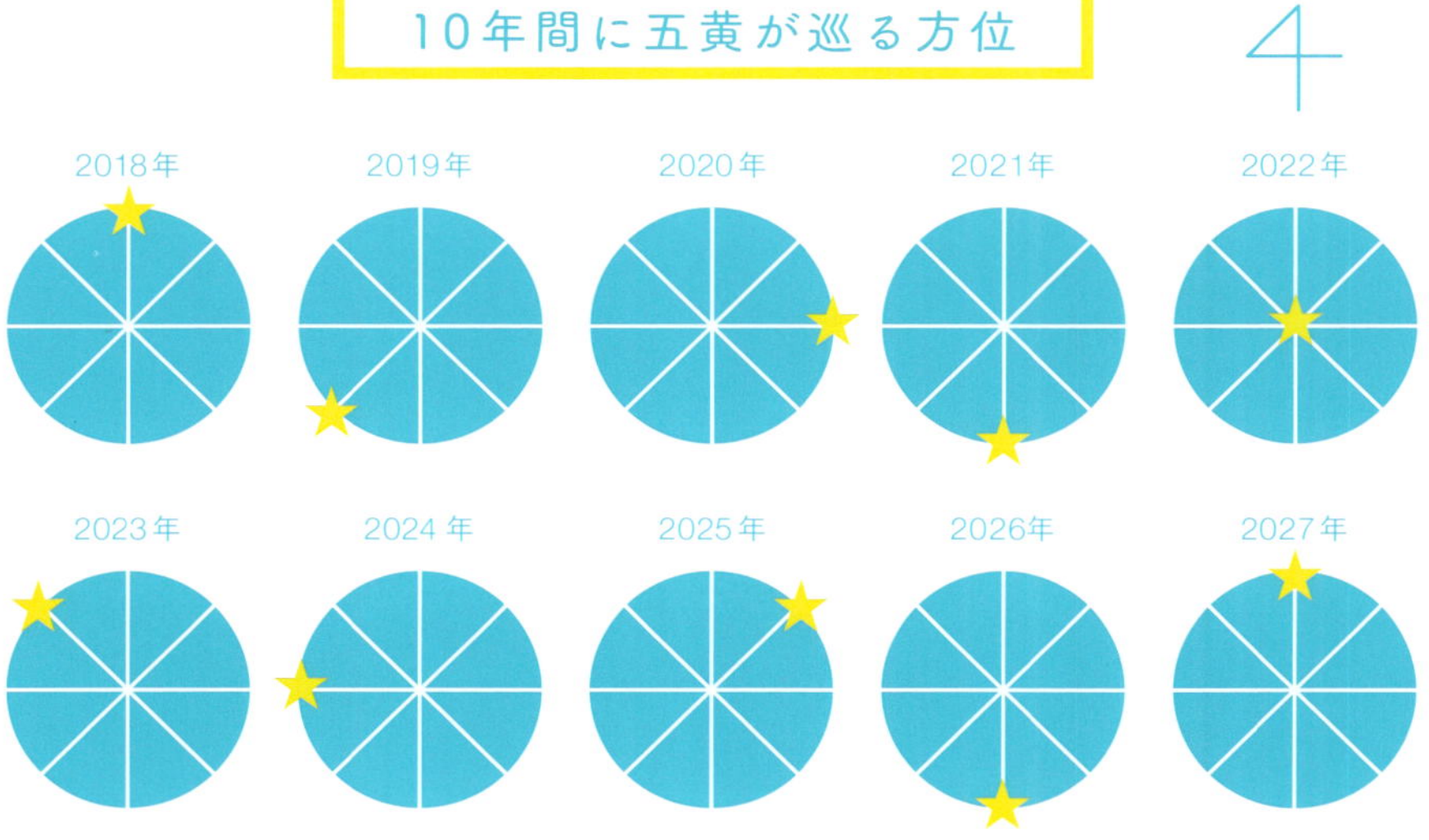

お清めコラム 3

気を浄化し癒し効果も 植物と暮らす快適空間

　みずみずしくて元気いっぱいの葉を広げる観葉植物。風水では植物が、室内に生じる陰の気を浄化する効果を持つとされます。

　植物の空気清浄作用の要因は光合成。この働きで室内の二酸化炭素を減らし酸素を供給します。さらに、葉や植木鉢の土から水分を発散するので、わずかながら加湿効果も期待されます。また植物の葉はホルムアルデヒドなどの有害物質が吸いつくと分解する能力があるので、シックハウス症候群を軽減する効果も期待できます。ちなみに空気清浄効果が期待できる植物はオリヅルラン、サンセベリア、ドラセナ、ポトスなど。

　また、植物は癒し効果も抜群です。毎日水をやり、葉の生育や状態を見守りケアしていると、生活に変化やリズムが生まれ、暮らしを豊かにしてくれます。

　季節の花や散歩の途中で摘んだ野草などを生けておくのもオススメ。小さな草花の生き生きとした表情が、驚くほどの彩りを空間にもたらしてくれます。リビングや玄関先など、普段目にする場所に生けておくと、日々、心が和まされるはず。草花を愛し目に見えないものを敬う気持ちが生まれると、それはもう幸運体質です。

お清め風水

chapter 2

風水では、トイレは注意しなければいけない場所。排泄場所であるトイレからは、どうしても悪い気が出てしまうのです。いかに、その悪い気を最小限にするかがポイントとなります。整理整頓はもちろんのこと、こまめな掃除が効果大。トイレがきれいなほど金運 UP!

toilet

トイレのお清め

トイレを清める

金運と密接に関係する要所
磨き上げて幸運を呼び込む！

トイレでこれだけはやりたい
風水ベスト5

1
便器は常日頃からピカピカに磨く

2
ファブリック類はこまめに洗濯する

3
さわやかな絵を飾って雰囲気を変える

4
便器のフタは使用後ただちに閉める

5
掃除道具は定期的に新品に交換

金運生活になるためにトイレ掃除を習慣にする

生活上でキッチンや寝室と並んで大切な機能を果たす場所であるトイレ。風水ではここが金運の要となります。陰の気がたまりやすいトイレはコントロールをあやまると金運に見放され、家族の健康運もダウン。何より掃除が肝心で、便器がピカピカであれば、それだけ金運も巡ってきます。

また、トイレは人の出入りが多い場所でもあります。付近に神棚や仏壇を置くのは厳禁ですが、他にもトイレマットが不潔だったり、床が物置状態だったりと、風水以前に健康に悪影響をおよぼすトイレは、当然ながら風水上も問題。運気に見放される前に手を打ちましょう。

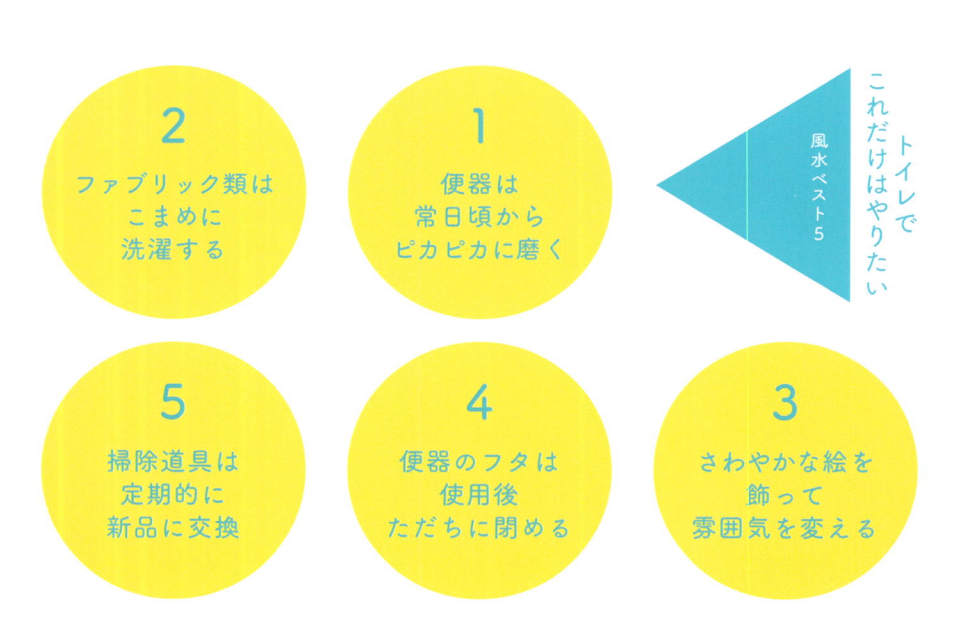

お清め風水

toilet rule

016 換気と乾燥を徹底し扉は必ず閉めておく

財気に悪影響を与える原因になる間取り

トイレは陰の気がたまりやすい場所です。人が使うたびに開け閉めするドアから、その陰の気が少しずつ外部に漏れていきます。そんなトイレが家の中心にあるというのは、きわめてリスキーな状態。日々、汚れた気が家中に広がり続け、やがて住む人の気持ちが不安定になり体調を崩し、財気に決定的な悪影響を与える凶相です。対策としてはつとめてこまめに掃除することと、清潔を保ち、換気と乾燥を心がけ、便器のフタとドアは必ず閉めておくことが大切です。ドアに長いのれんをつけたり観葉植物を置くのも効果的。気を浄化する瓢箪をトイレの中に掛けておくのもオススメです。

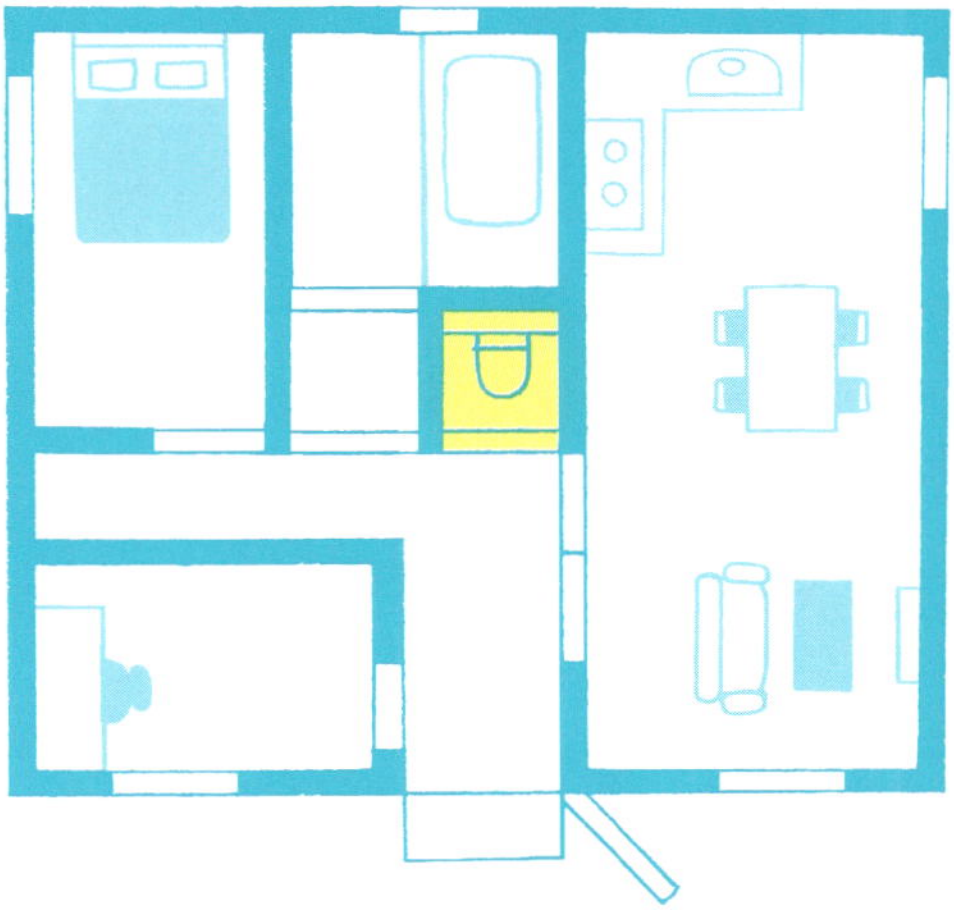

家の中心にトイレがある間取りの場合には、こまめなトイレ掃除で陰の気を充満させない！

金運を下げている原因はコレ！

トイレが家のど真ん中！

お清め風水

toilet rule

017

タオルやマットは洗濯 床や便器は徹底掃除を

トイレの悪臭は運気を下げる決定的な要因

ドアを開けたとたん、ムッと鼻を突く、不快な臭い。朝、清々しいはずの目覚めの瞬間にそんな臭いに包まれたり、疲れて帰宅して悪臭に迎えられては、心身ともにダメージを受けてしまいます。来客の心象も悪くなるのはもちろん、トイレの悪臭は運気を下げる大きな原因。健康運にも財運にも見放される前に、この状況を脱しましょう！

お清め memo

トイレの悪臭の正体は実は細菌です。タオルやマット、スリッパなど、菌の住処になるものは洗濯を徹底し、床や壁、便器を掃除すると臭いはなくなります。窓がなければ、つねに換気扇を回しておく習慣をつけましょう。また、お香を焚くなどもオススメです。トイレの除菌を徹底しましょう。

トイレの臭いは家の気を汚す原因。臭いの原因は掃除のサボりにあり。こまめな掃除が大事。

金運を下げている原因はコレ！ → **臭いがこもっている**

お清め風水

toilet rule

018

トイレの掃除道具は定期的に新品に交換

トイレがキレイでも掃除道具が汚いと…

トイレ掃除用のブラシ。ずっと同じものを使っていませんか？　毎日掃除をしていないと、たまにしか使わないので無頓着になり、何年もそのまま使い続けていたりします。トイレブラシなどの掃除道具は細菌がつきやすく、悪い気がたまりがちです。同じものを使い続けると運気が澱むだけでなく、悪い気が落ちにくくなるので要注意！

お清めmemo

便器用のブラシなどは、一見汚れているように見えなくても、陰の気がこびりついています。交換せずにずっと使い続けていると、悪い気を落とす能力は加速度的に低下します。せっかく便器をブラシで掃除しても、効果が現れなくなるので、定期的に新品に替えることが大切です！

いつ買ったのかも思い出せないくらい、年月を重ねたトイレブラシは×。定期的に交換を。

金運を下げている原因はコレ！

古い掃除道具が汚い

お清め風水

toilet rule

019

神棚や仏壇は清浄で静かな場所に

ありがたいものの置き場所には要注意

風水では神様を祀る神棚や、ご先祖様を祀る仏壇のことを「神位」といいます。その場所が、不浄の場であるトイレのそばに置いてあるのは厳禁です。トイレ以外では、キッチンの近く、倉庫や納戸の中、ゴミ箱のそば、人が頻繁に通るドアの上などがNG。こういう場所に神位がある以上、いつ災いが生じても不思議ではありません。

お清めmemo

「神位」は静かで清潔な場所に置くことが大切です。トイレやキッチンなどつねに人が出入りし、動きのある場所は避けましょう。難しく方位などは考えなくても、たとえば神棚は清浄で安定した場所に置くということを実践すれば問題ありません。置き場所を変えるだけで運気は変わります。

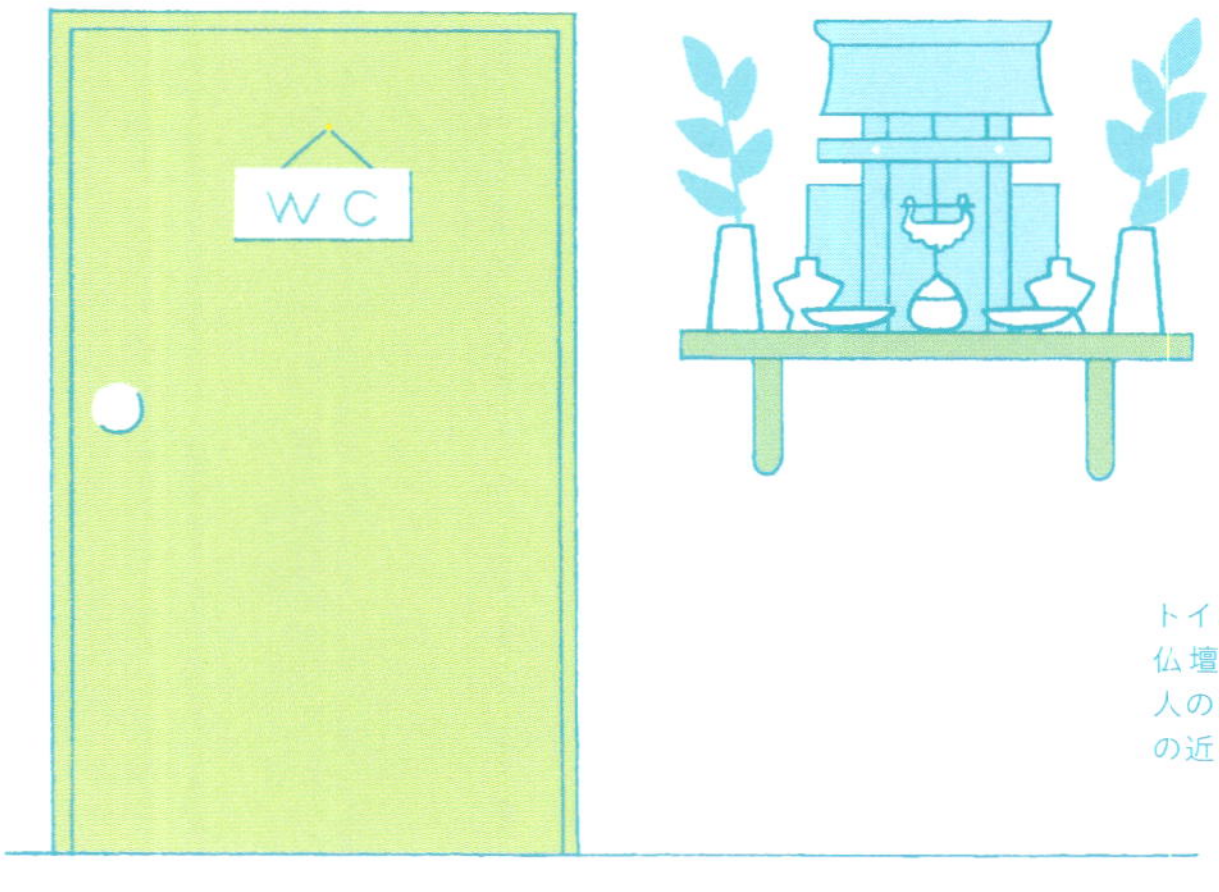

トイレの真横に神棚や仏壇があるのはNG。人の出入りが多い場所の近くに置くのも×。

金運を下げている原因はコレ！ → 「神位」の場所がトイレ付近

お清め風水

toilet rule

020

ファブリック類はマメな洗濯で効果大

菌の温床になる原因をこまめな洗濯で予防

手拭きタオルや便座カバー、マットといったファブリック類。洗濯を怠って汚れを放置していませんか？　見るからにヨレッとして湿り気があったりいやな臭いがしたり……。これでは運気がどんどん下がっていきます。何日も同じタオルで手を拭いていれば、細菌の温床で手をぬぐい、陰の気を手になすりつけているようなものです。ファブリック類は汚れだけでなく、臭いもつきやすいので、タオルはもちろん、マットも週に一度は取り換え、こまめに洗濯し、古くなったら定期的に新しいものに取り替えましょう。トイレは厄のつきやすい場所だからこそ、清潔第一を心がけます。

タオルやマットは定期的に洗濯を。せっかく洗った手を拭きたくないと思わせるタオルはNG。

金運を下げている原因はコレ！ → 洗濯していない便座カバー・タオル

お清め風水

toilet rule

021

モノは棚に収納して床はピカピカに！

トイレの床には何も置かないことが基本

予備のトイレットペーパーが床に置かれていたり、トイレクリーナーやブラシもむき出しのまま乱雑に放置されていたり。ありがちな景色ですが、これでは床掃除も行き届かないはず。ただでさえ陰の気がたまりやすいトイレが、ホコリだらけになっているおかげで個室内の気がさらに悪化。金運がスルスルと逃げていきます。

お清めmemo

トイレ内はとにかく清潔に保つことが金運ＵＰにつながります。予備のペーパーは袋から出して棚に収納します。棚がない場合は突っ張り棚を設置してカゴを置くのもオススメ。掃除道具も見えないように袋などに入れ棚に収納。床には何も置かず、きれいに掃除するのがトイレを清める方法です。

トイレの床にモノを置いておくと、そこに自然とホコリがたまってしまうので、注意が必要だ。

金運を下げている原因はコレ！

床にモノを置いている

お清め風水

toilet rule

022

便器は磨けば磨くだけ金運はグングン上昇！

トイレ掃除の習慣は金運効果に絶大な力

忙しさにかまけて、汚れた便器をそのままにしている……。見るからに不潔な印象の便器を、放置しているのは絶対にNG。水垢はもちろん、さまざまなシミもそのまま。そんなトイレは周囲の床もホコリだらけのはず。実際に不衛生なだけでなく、運気まで滞りがちになります。トイレと金運は密接な関係にあるのです。便器はこまめに雑巾などで拭いて汚れを落とすようにしましょう。日々掃除していれば清潔が保たれ、軽いひと拭きで済みます。ぜひ便器の掃除を習慣にして、便器をピカピカに磨き上げてください。これだけで金運は一気に上昇傾向になっていくはずです。

便器に水垢でできた「サボったリング」がないかをチェック。便座はピカピカであるほど金運はUPする。

金運を下げている原因はコレ！ → 便器に水垢や汚れが目立つ

お清め風水

toilet rule

023

明るい照明にして金運を呼びよせる！

暗いトイレには陰の気がたまりやすくなる

トイレの中は明るく清潔で、居心地の良い空間にしておくことが運気UPの重要なポイントです。それが陽あたりの悪いトイレだと、昼間でも薄暗く陰気な空間に。窓がなく太陽光が望めない場合も、薄暗い照明を選んでいると、ますます陰の気が強くなります。暗いトイレは凶を招きやすくなり金運に影響するので要注意です。

お清めmemo

窓がなかったり陽あたりの悪いトイレの場合は、照明器具や電球を明るいものに替えることで運気を高めることができます。メインの照明に間接照明をプラスするのも効果的です。さらに明るい色の絵を飾ったり、暖色系のカバーやマットを使うのも運気のUPに効果があります。

うす暗くて陰気なせいで、トイレの不浄感は倍増！　トイレの照明は明るくして吉を呼び込む。

金運を下げている原因はコレ！

トイレの照明が暗い

お清め風水

toilet rule

024

ペーパー類は隠して美観を守って運気UP！

ちょっとしたひと手間が運気を上げるポイント

買ってきたトイレットペーパーを、ビニール袋に入れたままトイレ内に置いておき、そのつど出して使う。ありがちな光景ですが、これはNG！　なぜなら美観を損ねてしまうから。風水ではバランスや景観の美がとても大切。ビニール袋に入れたまま収納するのは手間もかかりませんが、利便性が良いとは限りません。ペーパーはビニール袋から出し、ペーパーホルダーなどに収納しておきます。天然素材のカゴなどに入れて収納するのもオススメ。きちんと収納して毎日すっきり美しいトイレを使い、心地よく暮らせることが大事なのです。風水はおまじないではありません。

トイレットペーパーを出しっぱなしは、いかにもだらしない雰囲気で生活感丸出し。気分もダウン！

金運を下げている原因はコレ！ → **ペーパーが出しっぱなし**

お清め風水

toilet rule

025 便器のフタは使用後ただちに閉める習慣を

便器のフタは閉じて悪い気を外に出さない

トイレから出る時、使用後の便器のフタはきちんと閉めていますか？ 開けたままにしておくと、個室内が湿気でカビ発生の要因になるとともに、汚れた水が蒸発して家中に充満していきます。また、フタを開けっ放しにすることで、せっかく入ってきた良い気も便器の汚水に溶けてしまいます。これでは金運が台なしになってしまいます。

お清め memo

カビの生えたトイレは健康運にとっても悪影響です。とにかく、使い終わったら閉めることを徹底しましょう。習慣にしてしまえば、自然と実行できるはずです。ちょっとしたことですが、こういったことを改善していくことで、少しずつでも確実に運気UPにつながるので、大事にしましょう。

開けっ放しのフタから発生する汚れた水の蒸気に乗って、悪い気が家の中に広がり金運は溶け去る！

金運を下げている原因はコレ！ → 便器のフタが開けっ放し！

お清め風水

toilet rule

026

さわやかな絵を飾り空間を陽の気に変える

陰の強い場所には陽の気をプラスする

広い美術館や明るいギャラリーで見たとしても気が滅入るような、陰々滅々とした絵や写真。そんなものをトイレに飾っていると、もともと陰の気が強い場所だけに、マイナスな気が増長して心身ともに悪影響をおよぼされてしまいます。外部から良い気が入る余裕もなくなり、金運をみすみす手放すことになりそうです。陰の気が強いトイレには、明るくさわやかなインテリアを心がけ、陽の気をプラスすることが大切です。目にするたびに幸福な気分に包まれるような写真や絵を飾りましょう。美しい植物画や風景画などを淡色のフレームに入れて飾ると効果的です。

気分が滅入ってしまうような絵はNG。さわやかな絵を飾って、トイレに陽の気をプラスします。

金運を下げている原因はコレ！ → **陰気な絵を飾っている**

お清め風水

toilet rule

027

本や雑誌は片づけ トイレに長居は禁物！

本や雑誌をトイレで読む習慣をストップ！

長時間そこで過ごすことが多いのか、個室内に雑誌や本を置いている人がいます。中には書棚まで設けている家も。これはNG！　排泄をする場所に、長期間、本や雑誌を置くのは不衛生きわまりないこと。また、悪い気は紙類に取り付いてしまうので、トイレ内は悪い気の温床となり、金運や健康運などすべての運が逃げ出します。

お清めmemo

そもそもトイレに長居をすることはオススメしません。悪い気をたっぷり吸い込んだ雑誌や本、新聞を読みながら、陰の気のこもるトイレで長時間過ごしていれば、厄を身につけて出てくることになってしまいます。自分や家族の健康運のために、習慣を変えていきましょう。

不浄の気が取り憑いた雑誌や本は×。そこに置いた雑誌を読むだけで、金運や健康運が遠ざかる！

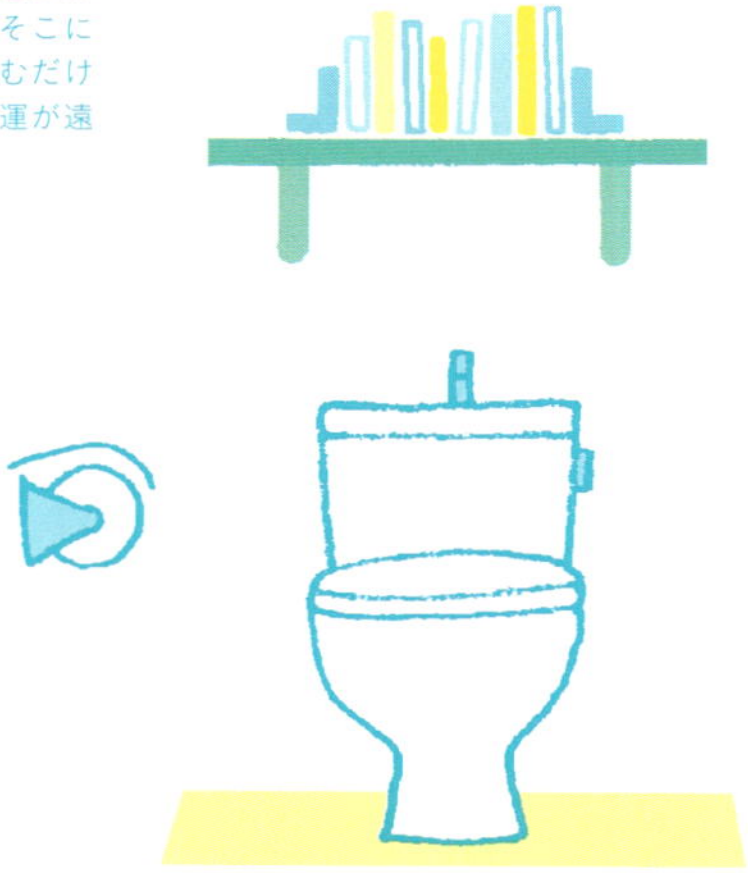

金運を下げている原因はコレ！ → **本や雑誌が置かれている**

お清め風水

chapter 3

人間は夜眠ることで、明日への元気を取り戻します。いわば寝室は気をチャージする場所といえます。でも、この寝室自体の環境が悪いと、気をチャージするどころか、気を奪われてしまうことにも。寝室を風水で清めて、睡眠の質を向上させましょう。

bedroom

寝室のお清め

寝室を清める

睡眠中に気をチャージする明日の運気を担う場所

寝室でこれだけはやりたい

風水ベスト5

1
ベッドは寝室のドアから対角線上に置く

2
寝室にある鏡は別の部屋に移動する

3
天井の梁の下にベッドは置かない

4
窓を開けて風を通し陽の光で浄化

5
ベッドは頭に壁につけて配置する

寝室を風水で清めれば睡眠の質が大きく上がる

風水で寝室は、玄関、トイレと並ぶ三大重要スポットのひとつです。人は寝ている間に明日への活力となる気をチャージしています。それだけにより良い気を得られない寝室では、どんなに寝ても疲れが取れません。たとえば、窓のない寝室は気が停滞し、たちまち健康運がガタ落ちに。窓があっても、雨戸やカーテンをずっと閉めている状態は風水的に良くありません。

このような寝室の気を悪くしている原因を風水で清めて、寝室の気を浄化しましょう。清らかな気が満ちた寝室での眠りは、上質なものとなり、睡眠中に明日への活力をたっぷりチャージできるでしょう。

健康運

を下げている
原因はコレ！

ベッドの上に天井の梁がある

ベッドの真上に梁があるのは絶対NG。梁の圧迫感が下で寝る人の健康を阻害してしまう。

お清め風水

bedroom rule

028

ベッドを移動するか瓢箪の置き物を吊るす

ベッドの上はすっきり何もない状態がベスト

ベッドに横になって上を見ると、真上に天井の梁がある。もしそんなレイアウトで寝ているなら即刻ベッドを移動しましょう。梁の下や照明器具の真下は気の流れが乱れるので、下で寝ている人は圧迫感から日に日に元気がなくなっていきます。不眠をはじめ健康被害や災いが生じ、最悪の場合は訴訟や投獄の憂き目にあうことも。

お清めmemo

こういった場合は、ただちにベッドを梁の下から安全地帯へと移動することがベスト！　とはいえ、諸般の事情でそれが不可能な場合は、梁の両端に瓢箪の置き物か、こうもりの絵を吊るしておくのも効果があります。紙や布で梁全体を覆ってしまって、仮の天井を作ることも効果があります。

健康運

を下げている
原因はコレ！

ドアから直線上にベッド

ドアから入る気が直撃。悪夢にうなされ、健康運が急降下！　ドアから直線上にベッドを置くのは×。

お清め風水

bedroom
rule

029

ベッドはドアから対角線上に置くのが◎

ベッドの位置も風水的に重要なポイント

人が出入りするドアは気も出入りするので、その正面は強い気の影響を受けてしまいます。ベッドがドアから直線上の場所にあり、頭をドアに向けて寝るような状態だと、悪夢が増えてなかなか熟睡できず健康運が日毎にダウンしていきます。そのおかげで日中の運気もダウン。またドアに足を向けて寝るのも同様にNGです。

お清め memo

ベッドをドアの真正面から移動させましょう。対角線上がベストです。できない場合は、ドアとベッドの間についたてなどを置いて悪い気の直撃をブロックします。穏やかな場所で眠れば健康運もUPします。また、ベッドの頭部分と壁の間の隙間もNG。必ず壁にぴったりつけましょう。

恋愛運を下げている原因はコレ！

ベッドサイドに鏡がある

鏡に寝姿が映っていたらトラブル発生の可能性大！　カップルは気が変わり健康運にも悪影響が。

お清め風水

bedroom rule

030

別の所に動かすかクローゼットにしまう

風水的に重要な鏡も寝室に置くのはNG

気を活性化したり悪い気を跳ね返してくれる鏡は、風水上で重要なアイテムです。しかし寝室に置くのはNG。『爛桃花』という悪い恋愛運を招きやすく、夫婦の場合、トラブルの元に。和やかだったカップルは仲違いし、心に落ち着きがなくなって不眠に陥ったりします。特に寝姿が映る位置に置くと、どんどん気が奪われてしまいます。ただちに鏡を、別の部屋に移動しましょう。あるいは、使わない時は布をかけて置くようにします。古来、中国では、鏡は使う時以外は暗い場所に収めておくのが良いとされています。寝る時はクローゼットにしまっておくようにすると良いでしょう。

健康運
を下げている
原因はコレ！

寝室に窓がひとつもない

窓のない部屋で寝ているのは×。淀んだ空気のせいで悪夢に襲われ健康被害も出やすい状態に。

お清め風水

bedroom rule

031

24時間換気扇を回し停滞した気を動かす

窓は空気だけでなく気の換気にも役立つ

今、寝ている部屋には、ちゃんと窓がありますか？ 地下室や倉庫のような空間で、窓がない部屋に寝るのはNG！ 開口のない部屋はまさに「囚」を意味し、監獄など囚人のいる部屋のこと。そんな空間では気が淀んで停滞し、悪夢にうなされたり、住人の心理に悪い影響を与え無気力になっていきます。生命力と運が奪われる前に改善を！

お清めmemo

即刻、窓のある部屋に寝室を移すことをオススメします。もし、今すぐ実行できない場合は、応急処置として、つねに換気扇を回しておくか、扇風機で強制的に空気を撹拌し、停滞した気を動かします。空気を循環させ悪い気の停滞を防ぐことが何より重要なポイントとなります。

健康運
を下げている
原因はコレ！

ベッドが窓際に置いてある

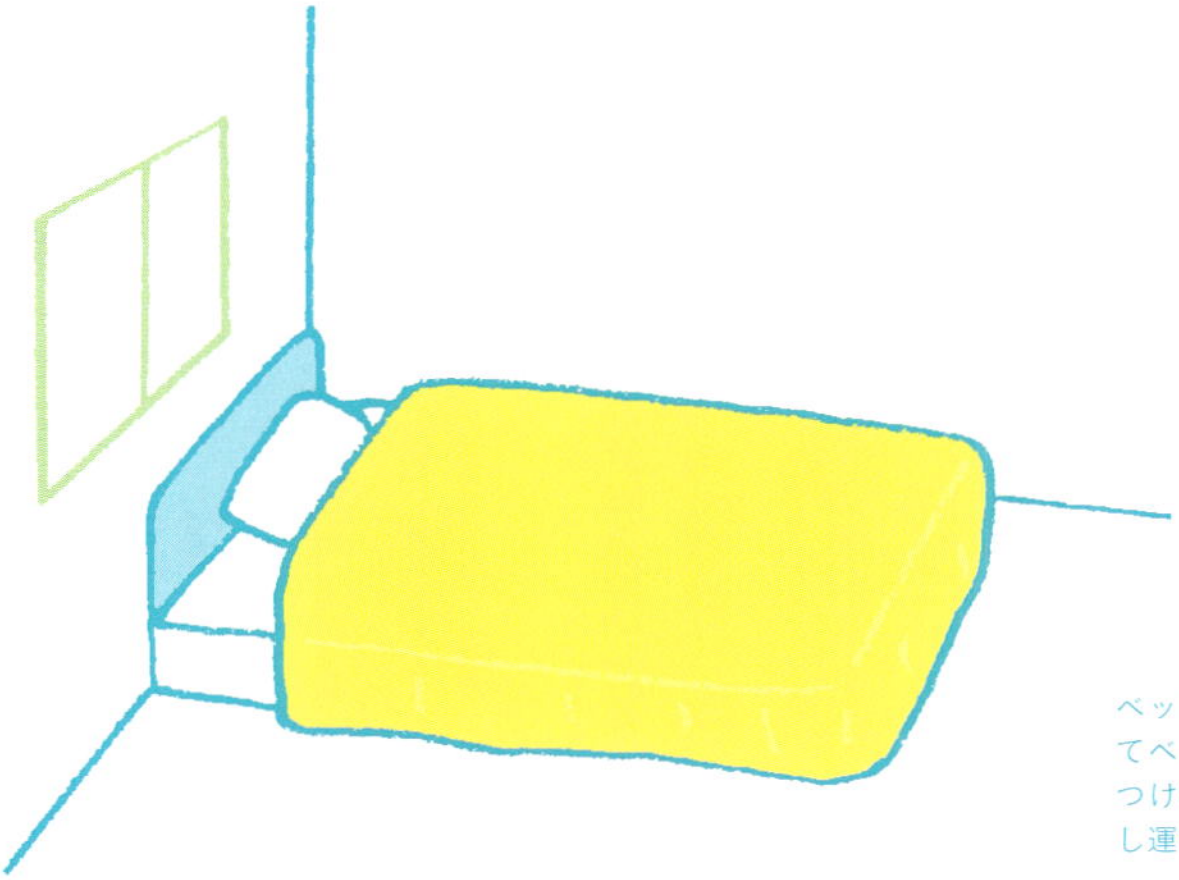

ベッドは窓際から離してベッドヘッドを壁につければ、状況は改善し運気も好転する。

お清め風水

bedroom rule

032

ベッドヘッドを壁につけて置く

窓に頭を向けると仕事の後ろ盾を失う

窓際にベッドを置いているのは、風水上問題あり。屋外の風雨や騒音、ライトなどの影響を受けやすいので、睡眠不足になりがち。また窓からの冷気の影響で健康被害を受けやすいのみならず、頭を窓に向けて寝ると「山が無い」状態となります。風水で山は地位のある人や権力者の庇護を意味し、仕事の後ろ盾を失います。まず、ベッドの位置を窓際から壁際に変えましょう。特に窓が北向きの場合、睡眠中に北風を受け、呼吸器系や婦人科系の疾病のリスクが高まります。ベッドはヘッドボード付のものがオススメ。ヘッドボードを壁にぴったり付けておくのが最も吉となります。

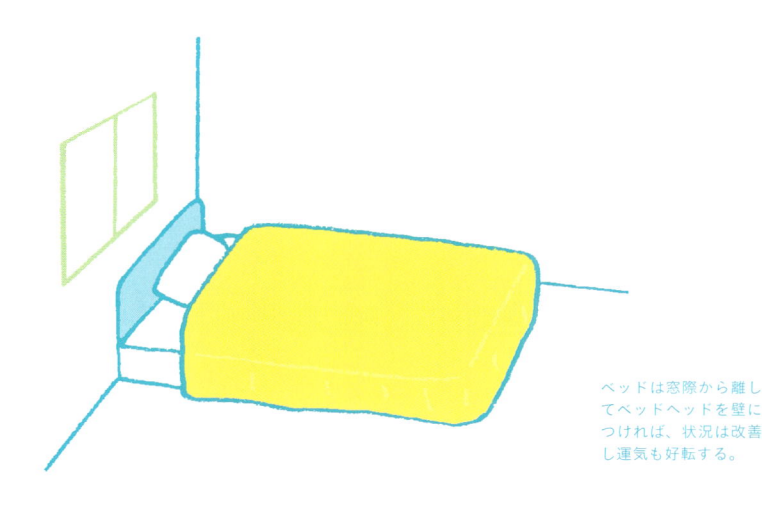

健康運
を下げている
原因はコレ！

カーテンが閉めっぱなし

行き場のない淀んだ空気、入って来られない新鮮な気……。定期的な気の換気が必要。

お清め風水

bedroom
rule

033

窓を開けて風を通し 太陽の光で気を浄化

寝室は新鮮な空気と 太陽の光が必要

起きた後はベッドを抜け出し、別室で慌ただしく身支度を整えて外出。かくして普段は寝室のカーテンや雨戸を開けるヒマなし！　こんな状況では寝室の気は淀みっぱなし。安眠にはカーテンも必要ですが、閉めっぱなしはNGです。毎晩、疲れた心身を癒してくれるはずの上質な眠りは望めず、運気は下がる一方です。朝はまずカーテンや窓を開けて空気を入れ替え、太陽光を入れましょう。夜の間にこもって澱んだ気を、新鮮なものと交換することが必要です。寝室は英気を養い、明日への活力をチャージするための場所。たった3分ほどの早起きで福を呼ぶ寝室にしましょう！

健康運
を下げている
原因はコレ！

寝室が地下にある間取り

地下を居住空間にするのは基本的に避けたい。特に寝室は健康運に直結するのでなおさら。

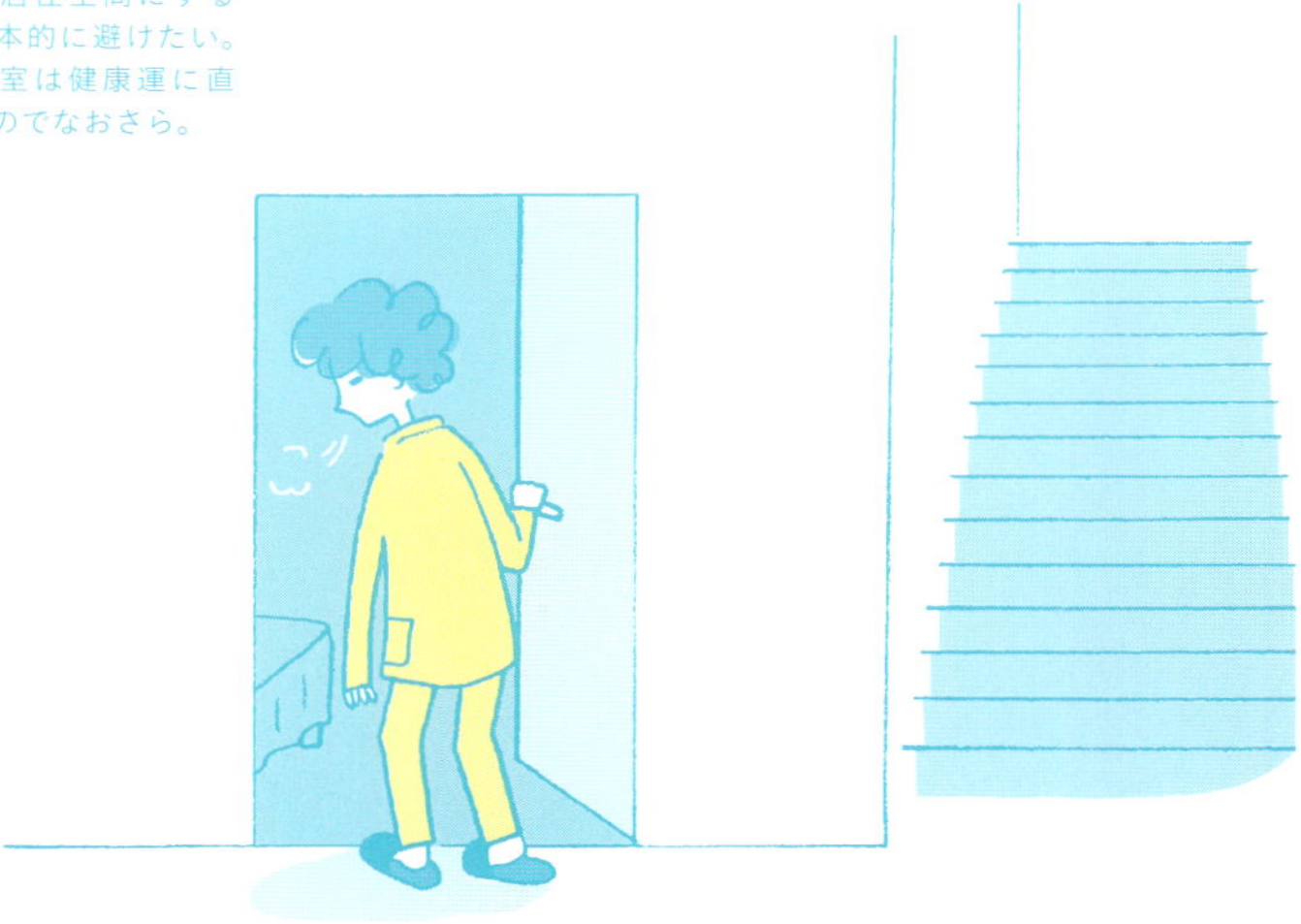

お清め風水

bedroom rule

034

すぐに地上へ脱出か換気と整理が必須！

お清めmemo

できるだけ迅速に寝室を、地下から地上へと移すことが最善です。応急処置としては、つねに換気扇を回して換気を徹底することと、除湿器を置いて湿気を取り除くようにしましょう。また、無駄なものや不要のものを片づけ、つねに清潔空間を心がけることで、気の停滞をある程度防げます。

地下室で寝ていると体力の充電ができない

地下室は暗くて湿気が強く、しばしば天井も低いので、寝室やキッチン、リビングなどの居住空間には適していません。気が流れず、すべてが淀み、停滞しています。また、作りによっては、まったく陽がささないことも。そんな空間で寝ていると なれば、日に日に体はダメージを負って生命力が失われ、ついには運に見放されていきます。

健康運を下げている原因はコレ！ → 寝室とトイレが向き合う

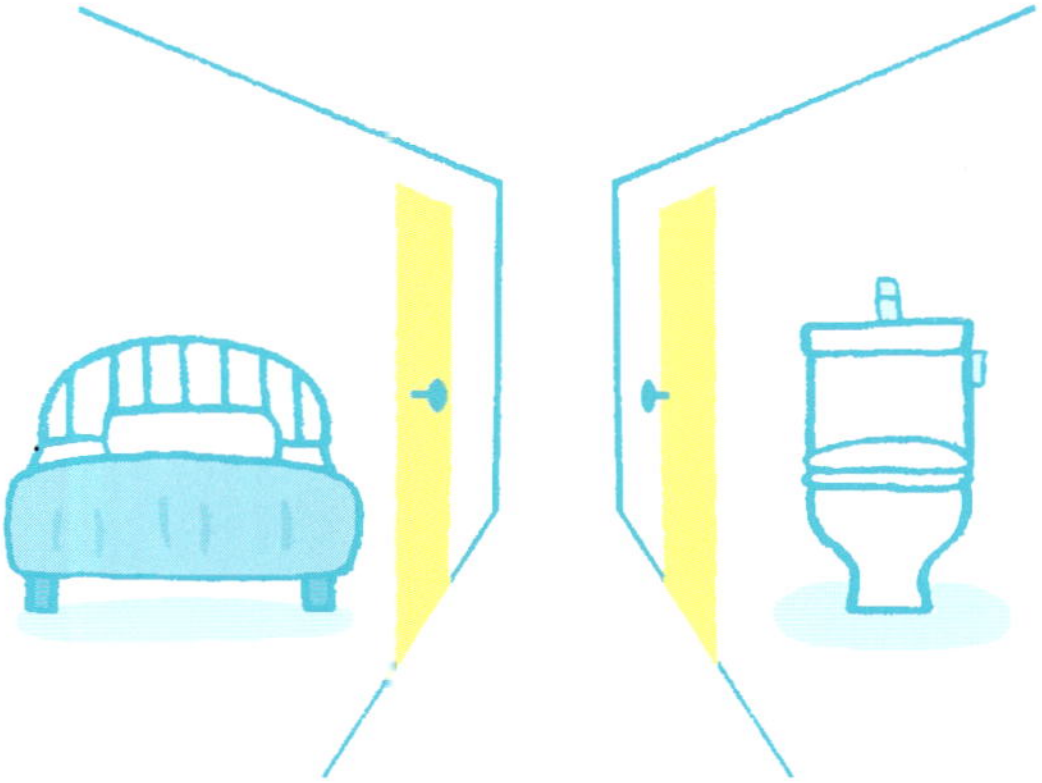

トイレの汚れた気が、寝室で眠る人に毎夜、襲いかかる間取り。体の不調はトイレの邪気のしわざかも。

お清め風水

bedroom rule 035

必ずドアを閉めて陰の気の流れを阻止！

寝室にトイレの気が流れ込まないように

トイレからは目に見えない汚濁した気が家中に流れています。それゆえトイレはつねに換気を怠らず清潔に保っておくことが大切です。問題は寝室のドアと向い合っている場合。汚れた気が一気に寝室に流れ込み、充満した陰の気が健康に悪影響をおよぼします。関節痛やリウマチ、胃腸や泌尿器系の病気を発症しやすくなるのでご用心！寝室のドアは必ず閉めておく習慣をつけましょう。トイレのドアはもちろん、使用後はフタも必ず閉めておきます。また、トイレと寝室の間についたてを置いたり、のれんやクロスを設置するのもオススメ。寝室への陰の気の流れをブロックします。

健康運を下げている原因はコレ！

階段下にベッドがある

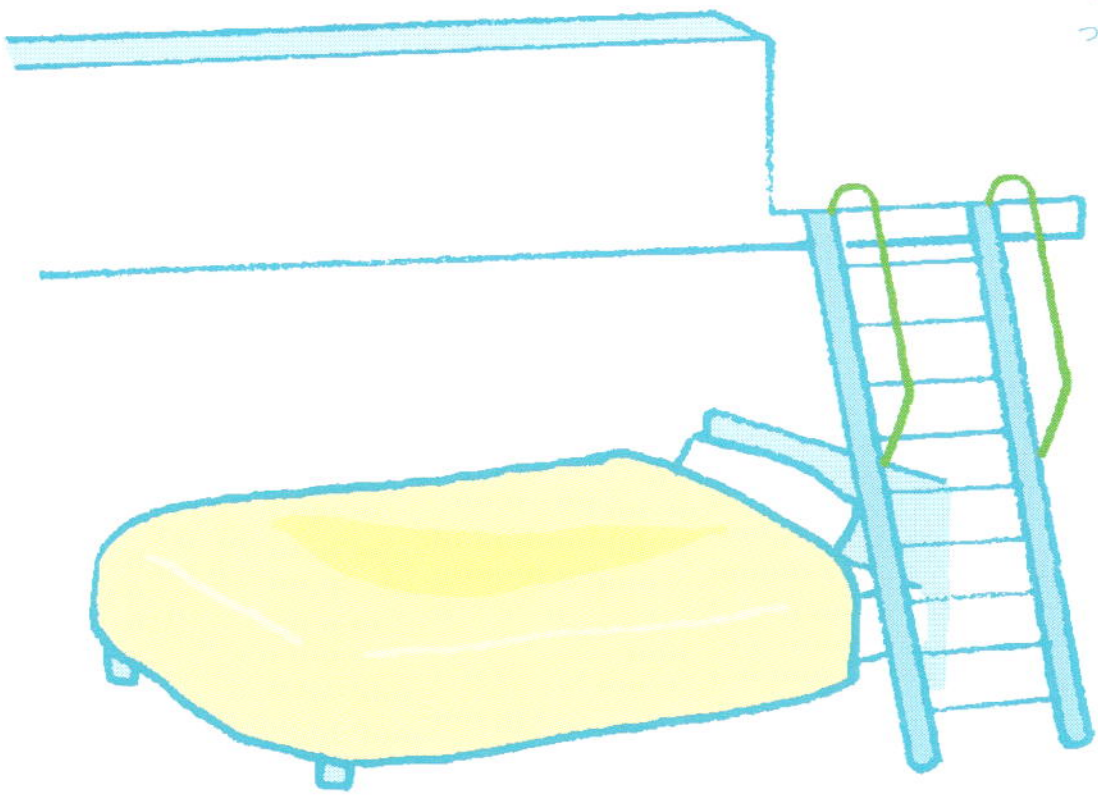

天井が低いほど気は流れにくくなる。また、階段の圧迫感で眠りも浅くなってしまうことに。

お清め風水 bedroom rule 036

のびのびした場所に今すぐベッドを移動

気の流れの良い場所で眠るのが運気改善の元

限られた空間を有効に使うためインテリアを工夫して、階段下にベッドを置いている場合があります。しかし毎日そこで眠っていると、階段から強い圧迫を受けて次第に生気が失われ、結果的に孤独な人生を送るはめに。気が流れやすいため、基本的に天井は高いほうが良いとされています。階段下では運気が日ごとに落ちるのでご注意を！

お清めmemo

早急にベッドを階段下から移して、何者にも圧迫されない場所で安眠できるようにしましょう。静かでゆったり気が流れる、居心地の良い場所で眠れば、エネルギーも良い気も同時にチャージできます。ちなみに階段下は気が停滞しやすいのでトイレがそこにあるのも良くありません。

お清めコラム 4

『火剋金（かこくきん）』火と金属の戦いがもたらす災難

ガステーブルは火、金属でできた包丁は金。このふたつの要素は、風水的に相性が良くないとされています。ガステーブルのすぐ近くに包丁やハサミなど金属製の刃物類が置かれていると、火が金を征する『火剋金』という状態になります。これは財産がおびやかされる凶相。「貯めた貯金や資産を他人に強奪されたり、お金を騙し取られたり、それにともなって家族が健康を害する」などという、悲惨な状況を招きかねません。

この凶相を防ぐ、あるいは改善したい場合は、ふたつの距離をできる限り離しておくことが重要なポイント。包丁はシンク下のドアポケットなどに収納しておきましょう。シンク下にそうしたスペースがないキッチンの場合は、ガステーブルから遠い場所に包丁スタンドを設置、使用後は必ず、そこに収納しておくようにしましょう。また、包丁は出しっぱなしにすること自体が厳禁。空間が殺気を帯びてしまうので、使用後は素早く洗って水気を拭き取り、乾燥させて収納しておきましょう。

また、『火剋金』のような『火と金の相剋』を解くためには、キッチンにテラコッタなど「土」の気の物を置くのも効果的です。

お清めコラム 5

『水と火の相剋』水道とガステーブルの戦い

「水」と「火」が同居する場所。それがキッチンの大きな特徴です。水の気と火の気は性質が異なり衝突しやすく、それを知らずにいると家庭崩壊の危機もありうるので、上手にコントロールすることが風重要なポイントです。

システムキッチンなどでは、水道とガステーブルが隣接しているつくりが多くみられます。料理の作業上は便利なこのレイアウトも、風水ではNGルール。水道の「水気」はガステーブルの「火気」を消そうと総力を結集し、ガステーブルの「火気」も負けじと臨戦態勢に。その結果、ふたつの気がぶつかりあって空間の気は乱れ、その場は平穏とほど遠い状況になってしまいます。

そうしたキッチンで料理や食事をし、生活を営む家族にとっては大打撃。特に夫婦やカップルの仲は、わけもなくいきなり意見が衝突しはじめて口論が増え、険悪になったり気持ちが冷え切ったり……。平和だった家庭が次第に壊れていく可能性もあります。

水道とガステーブルが隣接しているキッチンだったら、中間に生花や観葉植物、緑色をしたものなどを置いて、「水と火の相剋」を転化させることが大切です。

お清めコラム 6

ベッドは『財気位』に置けば金運が大幅にUPします！

風水にはさまざまな金運UPの術があります。中でも『財気位』を活用する方法は、ルールがシンプルで、簡単に実践することができるのでおすすめです。しかも効果が高いのが特徴なので、ぜひ試してみてください。

『財気位』とは、部屋のドアから対角に位置する場所。ここは室内に入ってきた気がもっとも多く集まるスポットとされます。

その名が示す通り、『財気位』は財運を高める効果を発揮する場所です。また、そこにたまった、より良い気に触れることで、「運の良いエネルギー」をたくさん受け取ることができます。つまり、ここに何を置くかによって、運気が大きく左右されてくるのです。

『財気位』に置きたい家具の代表といえば、ベッドやソファ。眠っている間や、座っている間に、良い気をチャージできるので、長時間そこで過ごすことの多いソファやベッドなどの家具や調度を置くと効果が得られます。また、水槽は運気をとどめておけるので財運がますます向上します。熱や光、音を発するエアコンやオーディオなどの装置も空気の動きを変え、運気を活性化する働きがあるので、『財気位』に置くと効果的です。

財気位の例

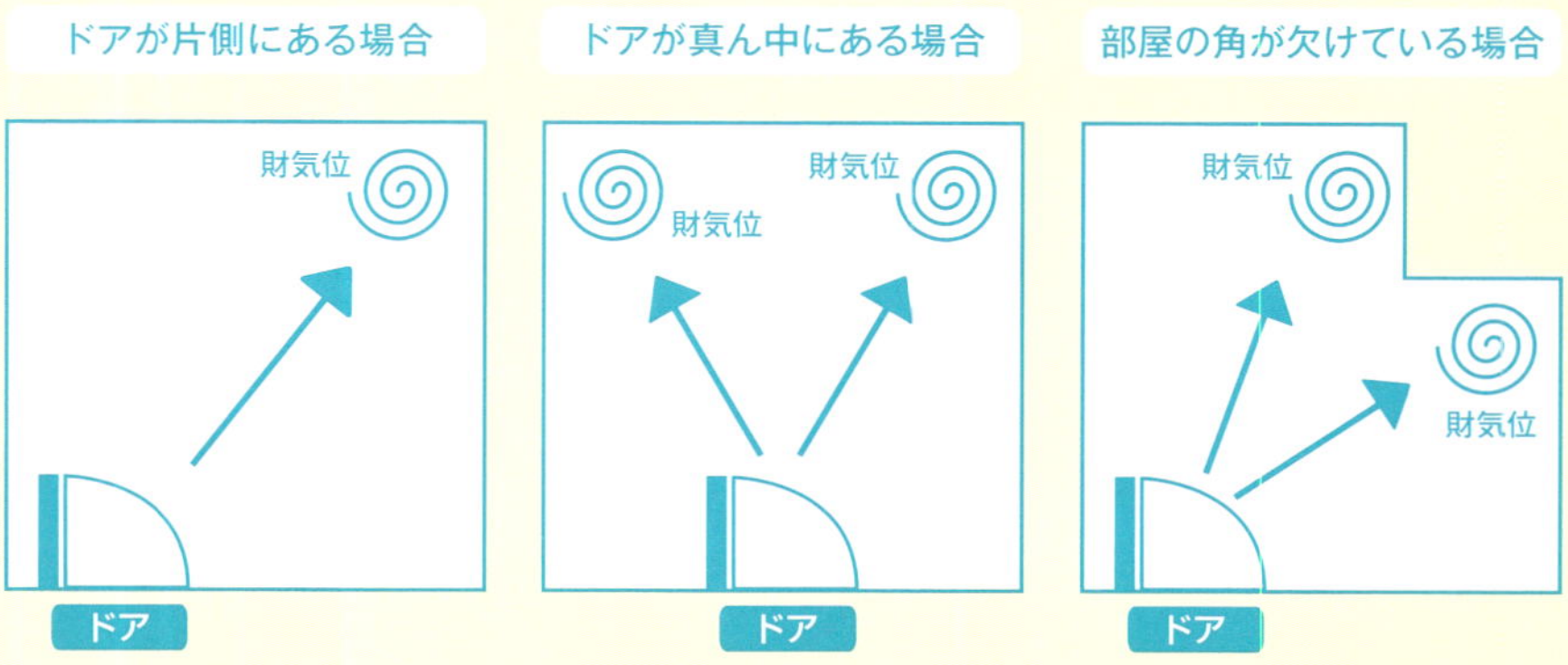

お清め風水

chapter 4

人間は食べなければ生きていけません。また、食べ物からも気を取り入れて、元気になっていくのです。食を担っているキッチンの環境が悪いと、直接、健康運に悪い影響が出てしまいます。賞味期限の切れたものや生ゴミなどはきちんと廃棄して清めましょう。

kitchen

キッチンのお清め

キッチンの風水を制する鍵は水と火のコントロール

キッチンでこれだけはやりたい
風水ベスト5

1
不要な食品を処分して気の通りを確保

2
米びつにはたっぷり米を入れて財運を呼び込む

3
定期的に換気扇のファンを掃除して開運！

4
冷蔵庫内の食品を整理して金運を招きよせる

5
生ゴミは袋に入れて密閉しフタ付きゴミ箱へ

キッチンには気をつけるポイントがたくさんある

家族の食と健康を担うキッチンは、主人から子どもまでの健康運や金運など運勢全体を司る大切な場所です。気に大きく関係する水や火を使うので、風水に関わる決まり事が多く、それを知らないと家族がダメージを受ける、きわめてリスキーな空間でもあります。

たとえば、壁越しでもキッチンのガステーブルと隣接したベッドでは、寝ている人に被害を与えてしまったり、洗わないまま放置した食器類や生ゴミも悪い気を発生させるので危険。また、乱雑な冷蔵庫も、無駄な出費が増え財運に悪影響など、注意するポイントをおさえて、改善させていきましょう。

お清め風水

kitchen rule

037 不要な食品を処分し気の通りを確保する！

保存する量は多すぎても気が通らなくなるので×

『あったら便利』『特価だから』『非常時のために』など、保存食品や調味料を買いこむ理由はさまざま。が、次々買いこんではしまいこみ、チェックしたら賞味期限切れが多数、という状態になっていたら最悪です。粉ダニが発生したり、戸棚の中では良い気が入る隙間もなく停滞したりと、キッチン全体の運がグングン下がっていきます。今すぐ食料品の保存棚の中をチェックしましょう。期限切れや、数年も使う機会がなかった保存食品や調味料、スパイス類は思い切って処分。使うという人に引き取ってもらうのもよし。戸棚の中の気の通りを確保することが運気UPのカギです。

簡単に取り出せない、何がどこにあるかもわからない、そんな食品棚や冷蔵庫では運気は下降気味。

健康運 を下げている原因はコレ！ → **賞味期限切れの食品がある**

お清め風水

kitchen rule

038

調理後はサッと拭き キレイなままをキープ

ガステーブルの汚れは健康運に直結する

毎日使ううちにガステーブルに飛び散ってこびりついた、油や跳ね返りをそのまま放置していたら要注意。健康状態に害をおよぼすかもしれません。風水では調理用コンロは胃腸の働きに繋がりがあるといわれます。ここが汚れていると消化力が低下するとされ、健康運にも悪影響をおよぼします。

ガステーブルをキレイな状態に保つために、調理後はすぐに汚れを拭き取る習慣をつけましょう。たまに掃除すると手間がかかってしまいますが、毎日だと簡単。しかも温かいうちなら、さっとひと拭きで済みます。きれいな状態をキープして健康運をUPさせましょう！

汚れたガステーブルは家族の消化器系に悪影響を及ぼしてしまうので定期的な拭き掃除を心掛けよう。

健康運を下げている原因はコレ！ → ガス台が油汚れでベタベタ

お清め風水

kitchen rule

039

米びつを常に満たし財運を呼びよせる！

富の象徴である米びつは金運と直結するアイテム

『うちは毎日、ご飯を炊くわけではないから。必要になったら買えばいいわ』などの理由で空っぽの米びつをそのままにしていると、どんどん金運が悪くなります！　米がたっぷりの米びつは、お金、豊かな食事、富裕な友など、さまざまな豊かさを運んできます。空っぽの米びつでは財の気に見放されてしまうのです。

お清め memo

風水では、お米がたっぷり入った米びつは富の象徴です。つねに空にならないよう注意しましょう。また、キッチンにストッカーが装備されている場合は別として、動かせる米びつなら、直射日光が当たらず、熱くならない場所に保存します。流し台の下は湿気があるのでNGです。

家の富を表す米びつが空では、預金通帳の残高もゼロに！　米びつはいつもたっぷり状態にしよう。

金運を下げている原因はコレ！ → 米びつが空っぽ……

お清め風水

kitchen rule

040

ガステーブルと便器の間を流れる気を遮断

キッチンとトイレの間取りを要チェック

ガステーブルやキッチンのドアがトイレのドアと向かい合っていたら、これは今すぐ対処すべき状態です。トイレからの汚濁した気が、キッチンやガステーブルに流れ込んでいる状態なので、家族の健康運が風前のともしび。とくに、ガステーブルと便器が向かい合っているのは最悪。家族の精神面に悪影響をおよぼすといわれ要注意です。

お清め memo

ガステーブルの位置を便器と向かい合わないような場所に変更するのがベスト。できない場合は、トイレのドアがつねにちゃんと閉じているかチェックすること。また、キッチンとトイレ、それぞれのドアにのれんやクロスをかけておくのも効果的です。

トイレからの汚れた気がガステーブルを直撃。ガステーブルを襲うトイレの気をブロックして◎。

健康運を下げている原因はコレ！

キッチンとトイレが向き合う

お清め風水

kitchen rule

041

明るい照明に変えたり淡色の家具で運気UP！

陰気なキッチンでは運気上昇も望めない

日々家族が集まり、食事をしたり語らう場所であるダイニングキッチンは、明るく楽しい雰囲気であるべき。それが、昼間から陽当たりが悪く薄暗くて陰気では、湿気もたまり放題。カビ臭くジメっとして陰の気がとどまっている状況です。これでは食欲がわかず会話も弾まなくなり、家族の健康運をはじめ運気が下がり続けてしまいます。今すぐ明るい照明に入れ替えましょう。またグテーブルが暗い色のものだと、空間の印象が暗くなるので明るい色調のテーブルに買い替えるか、淡いオレンジやピンクのテーブルクロスを敷いて生花を飾れば、明るく華やかなキッチンに変身！

気持ちまでジメッとしてしまうような薄暗いキッチンでは、食欲不振や生活意欲がそがれてしまう。

健康運を下げている原因はコレ！ → **キッチンが薄暗い……**

お清め風水

kitchen rule

042 使用後は必ず拭いて乾燥させ清潔を保つ

水回りを清潔にするのが風水生活では重要！

シンクの掃除を怠っていると見る間にツヤを失い、水垢や食べ物カスがこびりついていたり、周囲には黒カビがへばりついていたり……。不潔極まりないシンクは不衛生で、健康そのものに悪影響を与えるほか、悪い気の温床になります。キッチンに良い気が流れていないと、やがて運気低下を招くことになるので、シンクにもたえず注意を払いましょう。

お清めmemo

洗い物をした後など、シンクの中を濡れたままにしておくと、水垢がつきやすくなります。また、食器の食べかすなどが飛び散ってこびりついている場合もあるので、毎日、使った後はこまめに汚れを拭き取り乾燥させて、良い気を保ち運を上げましょう。水回りは風水的に重要なポイントです。

シンクはこまめに掃除をしないと、水垢や黒カビの温床に。ここから悪い気が発生してしまう。

健康運を下げている原因はコレ！ → シンクが水垢で汚れている

お清め風水

kitchen rule

043

ベッドを移動するか ベットの向きを変える

火の強い気をできるだけコントロール！

キッチンと寝室が隣り合わせで、壁を隔ててガステーブルとベッドが隣接している。そんな配置になっていたら要注意です。火気の影響で、ベッドに寝ている人が怒りやすくなったり、ひんぱんに頭痛に見舞われたりする可能性があります。それが一家の主であれば、やがて健康運や仕事運にも見放され、ひいては金運も手放すことに！

その場合は、ベッドかガステーブルを移動させることが一番の方法です。それができない場合は、ベッドの向きを変えて、キッチンの壁側に頭が向かないようにしましょう。火気による気の乱れから身を守ることができます。

ベッドの壁一枚向こう側にガステーブルがあると、原因不明の頭痛や怒りっぽさが出てしまうかも。

健康運を下げている原因はコレ！ → キッチンと寝室が隣り合わせ

お清め風水

kitchen rule

044

毎食後ただちに洗い拭きとって食器棚へ！

食事をしたら必ず食器を洗う習慣をつけよう

料理に使った調理用具や食後の汚れた食器。毎食後、きちんと洗っていますか？ これを洗わずにシンクに放置したままだと、陰の気がどんどん増えてキッチン内に充満し、運気は一気に下降していきます。また、たとえ洗っておいても水切りカゴに放置したままでは同じこと。濡れたままの食器にも陰の気が宿ってしまうのです。食事が終わったら、洗い物はただちに済ませる習慣をつけましょう。すぐに片付けることを習慣にすると、案外億劫ではなくなるもの。また、洗った食器を水切りカゴに入れた後は清潔なクロスで拭き取り、食器棚に収納することで運気もUPします。

シンクに洗い物を放置していると、陰の気が漂い始めて、キッチン全体の運気を下げてしまうことに。

健康運を下げている原因はコレ！

シンクに食器がたまっている

お清め風水

kitchen rule

045

袋に入れて密閉しフタ付きのゴミ箱へ

三角コーナーの生ゴミはすぐに密閉処理が基本

三角コーナーなどに生ゴミを溜め、ひと晩そのまま放置していませんか？　まだそれほど溜まっていないからと、数日間そのままだったりすると、キッチンが大変な状態になります。生ゴミの腐敗臭が充満したキッチンは単に臭いというだけでなく、良い気を汚す原因になってしまいます。悪臭も一種の殺気なので、健康運が大きくダウンします。生ゴミが出たら、すぐに袋に入れて口を閉じ、フタ付きのゴミ箱に入れておきましょう。できれば家の外の陽の当たらない場所に置いておくのが理想ですが、室内に置くなら悪い気がもれないよう注意深く管理することが大切です。

悪臭もまた殺気の一種。生ゴミの臭いがキッチンに充満すると、やがて家族の健康を破壊！

健康運を下げている原因はコレ！　→　生ゴミが出しっぱなし

お清め風水

kitchen rule

046 定期的にファンを洗い清潔を維持し運気UP！

手間のかかる換気扇掃除も運気UPのためには重要

毎日の料理や後片付けに追われ、なかなか手が回らない換気扇。気づけば油にまみれているというケースがよくあります。これが汚れていては、いくら作動していても悪い気を循環させているようなもの。料理に新鮮な空気を送り込めないので、胃腸や呼吸器の働きに支障をきたすとともに、健康運全体に悪影響が生じてしまいます。換気扇はキレイ好きな人にとっても手間がかかる場所。油ぎったファンは、住宅用洗剤に浸け置きしておいてから拭き取ると汚れが落ちやすくなります。『換気扇はいつもきれいに』を心がけて、定期的に拭き掃除して家族の健康運を守りましょう！

汚れた換気扇から悪い気がキッチンに循環してしまい、やがては家族の健康を脅かすことになる。

健康運を下げている原因はコレ！ → **換気扇が油で汚れている**

お清め風水

kitchen rule

047

閉じた窓とついたてで気の流れを安定させる

アイランド型キッチンも風水的にはNGレイアウト

近頃人気の対面式やアイランド型キッチン。ガステーブルの背後に壁がなく、開放感が魅力ですが風水的にはNG。ガステーブルの後ろに壁がないと、外からの風の影響を受けやすく火が消えたりして不安定になりがち。生活面でいえば、後ろ盾がない状況になります。また窓になっている場合は財運に悪影響が出るといわれます。

お清めmemo

ガステーブルやクッキングヒーターの後ろに、ついたてを置くようにしましょう。これで炎の動きに安定感が生まれ、と同時に気の流れも安定します。後ろが窓の場合は壁側にガステーブルを移動するのがベスト。できなければ調理中は窓を閉め切って絶対開けないようにすることが重要です。

背後に壁も何もないガステーブルは炎が安定しないので×。背後に窓がある場合も、財運が逃げるので×。

金運を下げている原因はコレ！ → ガステーブルの後ろが窓

お清め風水

kitchen rule

048

冷蔵庫管理の達人が金運を招きよせる！

食べ物管理ができる人はお金の管理もできる人に

冷蔵庫の中は心の中といわれます。古い生鮮食品や傷んだ野菜、開封済みのハムやチーズ、三日前の食べ残しなどが乱雑に詰まっていませんか？　奥の方には数年前のジャムや佃煮、期限切れのレトルト食も……。食べ物を入れる場所は財庫のひとつです。庫内の乱雑さは心の乱れと同時にお金の管理ができていない証拠。金運が近づきませんん。今すぐ食材を点検しましょう。不要品は処分し庫内を整理。良い気が流れるように空間に余裕を持たせて収納することが大切です。食べ物管理は金銭管理能力に直結。上手に管理できれば経済観念が発達し金運を引き寄せられるようになります。

使わない食品だらけの冷蔵庫では、金運がスルスル逃げていってしまうので注意。

金運を下げている原因はコレ！ → 冷蔵庫の中が乱雑な状態

お清め風水

chapter 5

家族が集うリビングルーム。ここはコミュニケーションを担う場所とされます。ここの環境が悪いと、人間関係に影響が出てしまいます。掃除や整理で、居心地の良い場所にすることが大切です。また、明るい空間にすることも重要なので、照明などをチェックします。

livingroom

リビングのお清め

リビングルームの風水は家庭や交際の運気を左右

リビングでこれだけはやりたい

風水ベスト5

1 インテリアはナチュラル系の色調にする

2 暗い部屋は鏡で室内を照らして照明もプラス

3 陰気な植物は処分し、元気な観葉植物を飾る

4 水槽や大型家電は壁際に置いて気を整える

5 ソファは梁の下には置かない

リビングの気を整えれば生活が明るくなります

家族やゲストが集うリビングルームは、その家の家庭運や社交運を担う場所です。広々としているほど、良い気が流れます。大切なのは余計なモノがなく、整頓されていて掃除が行き届いていること。気の流れを阻害するような要因はないか、よくチェックしてください。

リビングルームの中央あたりは、その家の主のパワーが集結する場所です。大型家電や水槽を置くと、たちまち空間の気が乱れ、健康運や仕事運に悪影響。古すぎる家のリビングや、奇怪な植物を育てているリビングも陰の気が増え運気を下げます。運気を下げるさまざまな要因を取り除きましょう。

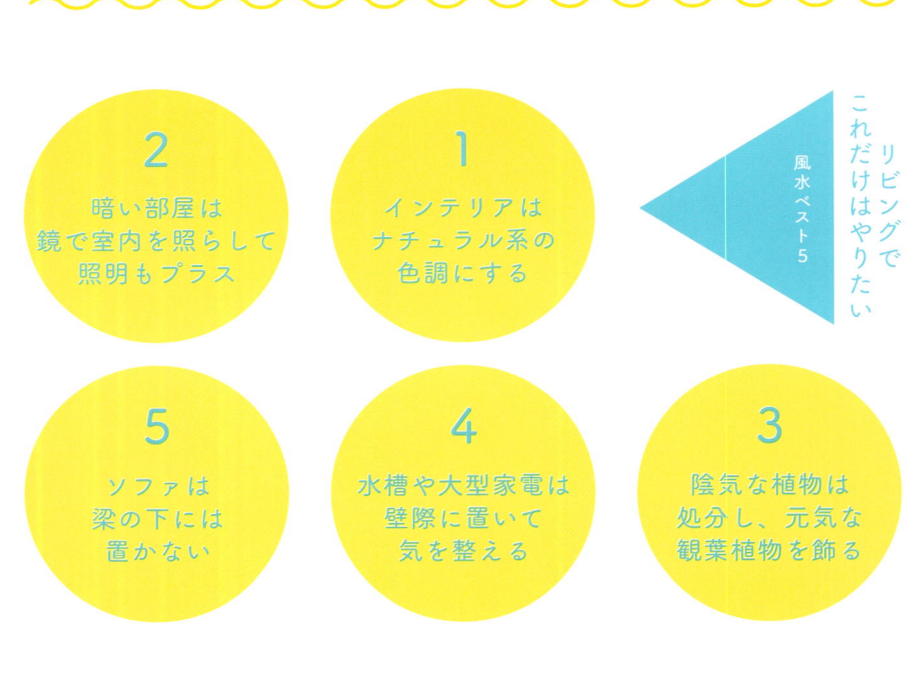

全体運
を下げている
原因はコレ！

インテリアが真っ黒

黒やモノトーンは精神衛生に×。温かい雰囲気の色使いや天然素材の家具に替えれば◎。

お清め風水

livingroom
rule

049

インテリアの色調はナチュラル系が◎

リビングはくつろげる雰囲気作りが大切

黒を基調としたモノトーンのインテリアはクールでスマートな雰囲気。スタイリッシュなショップやレストランには向いていますが、毎日をゆったりくつろいで暮らすための家庭には不向きです。冷たい雰囲気から家の中が陰気になり、よくないことを招き入れてしまいます。また、気分が滅入りやすく、精神が不安定になってしまう可能性も。リビングルームは家族が集い、お客さまを招く場所。癒やしの気を迎えることが大切です。インテリアはベージュや生成などナチュラル系の色調を選びましょう。家具やファブリックを同色で揃えると部屋が広く感じられます。

全体運
を下げている
原因はコレ！

ソファの上に天井の梁

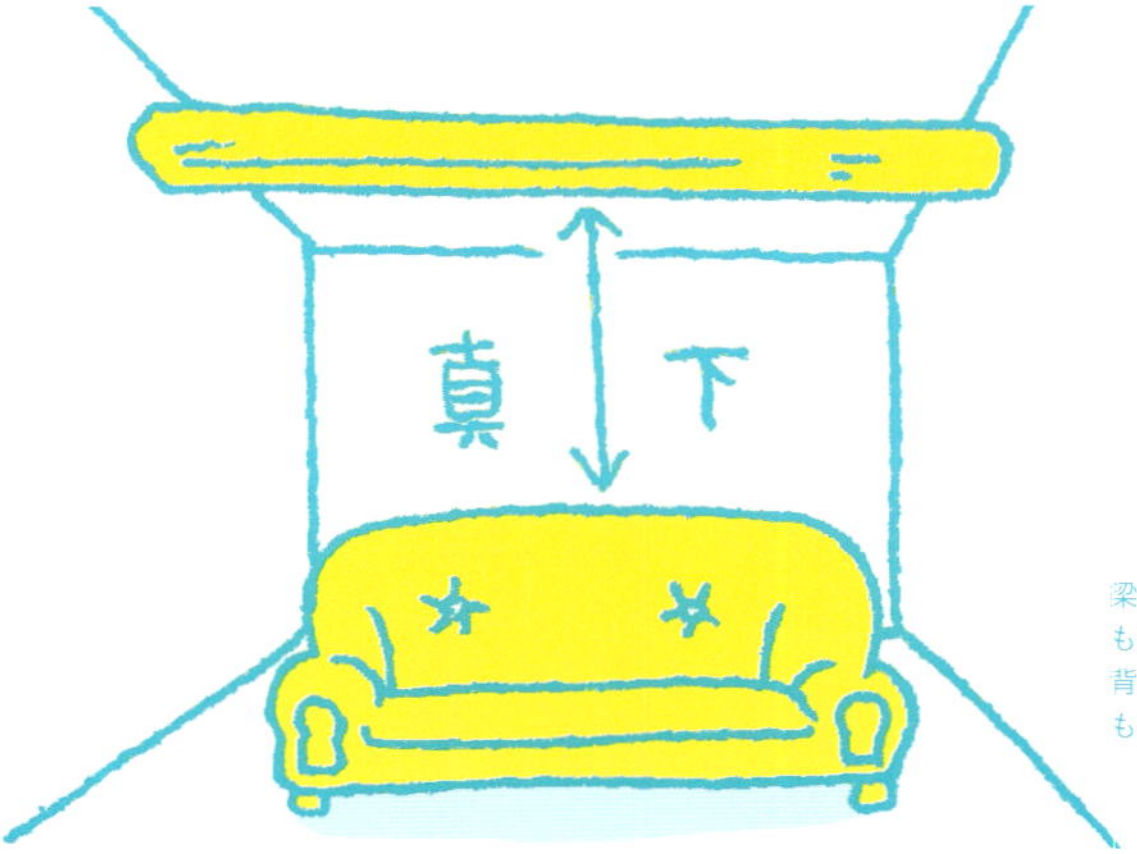

梁の圧迫感が、身も心も蝕みます。ソファの背中を壁につければ身も心もリラックス！

お清め風水

livingroom rule

050

ソファは梁の下から移動して壁につける

ソファは気の流れの悪い場所には置かない

天井の梁の下は気の流れが悪いのみならず、飛び出した梁の形の圧迫感から、下にいる人は精神のバランスをくずし、仕事や勉強に支障を来すことに。そして、知らず知らずのうちに健康運や仕事運をはじめ運気全体が停滞していきます。リビングでくつろぎ、長時間を過ごすソファの位置は良い気を呼ぶ場所にしたいものです。

お清めmemo

梁の下にソファが置いてある場合には、ただちにソファを移動させましょう。また、ソファを壁から離して置いている場合は、仕事の後ろ盾を失うことがあるのでご注意を。もし人間関係などのトラブルで悩んでいたら壁にソファの背をつけて。サポートしてくれる人が現れます。

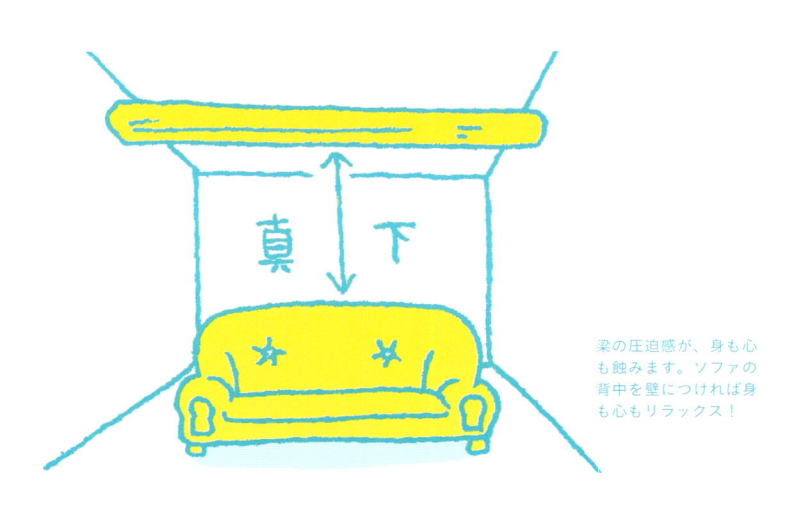

社交運
を下げている
原因はコレ！

とにかく部屋が狭すぎる

気の絶対量が少ない、狭すぎる部屋は健康も運気もダウンしてしまいます。逆に広すぎても×。

お清め風水

livingroom rule

051

不要品を整理して気の流れをよくする

狭すぎても広すぎても居心地が悪いのでNG

何といってもリビングルームが狭い！　その上荷物だらけで物があふれているという家は要注意。狭い部屋は空気の流れが悪く、気の量が減り病気になりやすくなります。また、広すぎる家に一人暮らしなどの場合は「家が人をあざむく」といって、これも凶相です。陰気が過多になって落ち込みやすくなるので要注意です。

お清め memo

リビングが狭くて散らかっている場合は、せめて不要品を整理しましょう。気の通りが良くなり運気が上昇します。逆に広すぎる家は人を招いたりペットを飼って場の気を活性化させます。人の数と面積のバランスがとれると、住人の感情は和やかで朗らかになっていきます。

全体運
を下げている原因はコレ！

家の中心に水槽や大型家電

家の中心に位置する部屋の、そのまた中心に大型家電や水槽があると、各種運気がダウン。

お清め風水

livingroom rule

052

水槽や大型家電は壁際に置き気を整える

家の中心は家人の地位と権勢を象徴する

リビングが家の中心にあり、そのまた中心に水槽や大型テレビがあったら？　家の中心は家人の地位と権勢を象徴しています。いわばその家のパワーが集まる場所なので、そこに大量の水をためる場があったり、大型電化製品などを置くのはNG。体内や室内の気が乱れ、健康を損ねたり家族間のトラブルが増えて、運気も大幅にダウン。

お清めmemo

リビングの中心には水槽や大型テレビ、オーディオなどは置かないようにしましょう。リビングは気がゆったり流れるように、動線を考えて家具を配置することが大切です。できるだけきれいに掃除をして、明るく広く保つことが家人の運気をよくするポイントになります。

全体運を下げている原因はコレ！

内装がボロボロのリビング

前の住人の厄や怨念が残っているかもしれない古い家のリビングはオススメできない。

お清め風水

livingroom rule

053

古い内装は新しくして気分も気運も一新！

前の住人の悪い気が残る古い家には注意が必要

レトロなたたずまいや環境などが気に入って入居したものの、引っ越し以来体調がすぐれない。それは多分、家が原因です。築後何十年も経過した古い家には、かつての住人の思いや、もしかすると怨念も染みついています。これらが後に入居して住む人の心情にも影響を与え運気もダウン。精神面や体調を崩してからでは遅すぎます。思い切って内装をリフォームが吉。専門業者に頼んだり、できる部分は自分で手作りしてみましょう。近頃はセルフリフォームの資料本も多く出版されています。リフォーム不可の場合はできる範囲で新しくして、明るいインテリアを揃えましょう。

社交運
を下げている
原因はコレ！

つるなどの陰気な植物がある

形が不気味で陰気な印象の植物は、陰の気を宿しているので×。災いを運んでくる可能性も！

お清め風水

livingroom rule

054

陰気な植物は処分し 観葉植物で運気UP！

陰の気を持つ植物は扱いに気をつけよう

ツタなどのつる植物、柳や藤など下に下がる植物は陰の気を持っています。食虫植物や葉がギザギザしたものもあまりよくありません。それらを家の中でたくさん栽培すると部屋が陰気になり、品がない人や低俗な人物を招きやすくなります。その結果トラブルに巻き込まれたりすることも。家の外壁にツタを這わせるのも風水的にはNGです。陰の気を持つ植物は思い切って処分しましょう。趣味を取るか平穏で健康的な生活を取るか、よく考えて。リビングに置くなら元気でグリーンが美しい観葉植物がおすすめ。室内に生き生きとした雰囲気と良い香りをもたらしてくれます。

全体運
を下げている
原因はコレ！

壁に比べて天井の色が濃い

頭上の色が濃いと、圧迫感を感じてしまうと同時に、気を阻害してしまうので注意。

お清め風水

livingroom
rule

055

天井の色を薄くして頭上に解放感を！

天に上昇していく気を阻害してしまう可能性大

壁はオフホワイト、床はベージュ色なのに、天井をダークブラウンなどにしていませんか？壁や床に比べて、天井の色が濃い色なのはオススメしません。足元が軽くて頭が重いというのは圧迫感や閉塞感があり、天に上昇していく気を阻害するので運が悪くなります。中国には「天清地濁」という言葉があり、空は澄んでいることが肝心です。

お清めmemo

天井は壁や床の色よりも淡い色、薄い色が適しています。天井の色を変えるのが運気UPのポイントですが、どうしても変えることができない場合には、現状の天井の上に明るい色の布や紙を貼って濃い色を隠しておきます。そうして仮の天井を作ることで気の流れを変えることができます。

社交運を下げている原因はコレ！

リビングが何だか寒々しい

リビングは出会いを生む場所。そして事業運も表している。暖かい雰囲気を演出することで、より良い出会いに恵まれる。

お清め風水

livingroom rule

056

観葉植物や置き物でぬくもりをプラス

リビングには暖かみがインテリアのキーワード

広くてゆったりとした空間が風水の理想ですが、広すぎて何もないのも孤独になり、落ち込みやすい相。何事もバランスが肝心です。リビングが寒々しい雰囲気だと、そこで過ごすうちにどんどん生気が失われて、やがて孤独感を感じたり不安感を覚えるようになります。仕事も勉強もうまく行かず、運気が下降の一途をたどってしまいます。また、リビングは人との出会いや事業運につながる場所。観葉植物や家具を置いて、陽の空間を演出しましょう。モノトーンの家具は避けて、カーテンなどのファブリックは明るい色に。縁起の良い置き物を飾り、居心地の良い空間にします。

全体運を下げている原因はコレ！

部屋の中の動線が悪い

家具が邪魔して部屋の中を大回り。そんなリビングでは気も右往左往してしまう。

お清め風水

livingroom rule

057

家具は壁と平行にして気の流れを邪魔しない

家具の配置の仕方は気の流れを考えて

寝室やワンルームの場合、ベッドコーナーを仕切るために本棚やチェストを置くことがあります。その際、チェストなどを壁に対して垂直に置くのはNG！　チェストや本棚など大きな家具を壁と交差するように置くと、気の流れを止めてしまいます。部屋の外からの新鮮で良い気も入ってこなくなるので、運気は下降をたどります。

お清めmemo

家具は壁と平行に置くことがポイントです。こうすることで空間の出っ張りを最小限にとどめることができ、気の流れが邪魔されず、スムーズに部屋全体に行き渡ることができます。模様替えは気の流れの特徴をつかみ、気をコントロールしながら実行するのが運気を上げるコツとなります。

金運を下げている原因はコレ！

太陽の光が部屋に届かない

財運は暗い部屋が苦手。換気に気を配り、照明で明るくして財運をキャッチしよう。

お清め風水

livingroom rule

058

暗い部屋は鏡で室内を照らして照明もプラス

暗い部屋には財の神様が入ってこないので注意

外は良い天気で太陽がまぶしいほどなのに、日陰にある家の中には光が届かず、いつもどんより暗いリビングルーム。また日陰の家は風通しも悪いケースが多く、湿度の高い日本の環境では体調を崩しやすくなり、次第に精神力が弱ってきて財運も悪くなります。風水では「財神は暗い部屋には入らず、走り去る」というので問題です。長期間住むには向かない物件です。引っ越すことをオススメしますが、なかなか難しい場合には、リビングの壁に鏡を置いて明るく照らすのも効果的。また照明器具を明るいものにして、日中も付けておくようにしましょう。気分も財運もUPします。

金運
を下げている原因はコレ！

陽当りが良すぎる……

光のコントロールは風水の大事なポイント。強すぎる陽の気をひきしめて財運を守ろう。

お清め風水

livingroom rule

059

カーテンで強すぎる光をコントロール

暗すぎてもダメだが明るすぎても要注意

リビングが真南に向いている上、周囲に遮るものがなく日光がダイレクトに差し込む、眩しくて暑い家。そんな日差しが強すぎる物件も問題あり。陽の気が多すぎると、住人は騒がしくなり、お互いに自説をゆずらず口論が多くなります。遊びまわって家に帰らない、お金をどんどん浪費するなどで運気は刻々とダウンしていきます。そんな場合は、クールダウンさせることがポイント。ブラインドやレースのカーテンで光を遮蔽して、明るさをコントロールすると状態が改善。また、前の家の窓ガラスなどが反射して射るように差す「光射煞」はブラインドやのれんで対処しましょう。

金運を下げている原因はコレ！

窓から寺や葬儀場が見える

陰の気を呼ぶ施設が窓から見えたら注意が必要。気をブロックする工夫を。

お清め風水

livingroom rule

060

窓に瓢箪を置いて陰の気を浄化する

陰の気を放つ施設付近は風水的な処置でブロック

窓辺に立つとどんな景色が見えますか？　もし、近くに墓地や寺社、病院、警察署、ゴミ置き場、葬儀場などが見えたらあまり良い状態とはいえません。これらの施設は陰の気を呼び寄せてしまいます。その近隣に住む住人の気にもジワジワと悪影響をおよぼしてきます。中でも財運にはとても不利なので、くれぐれも注意してください。

お清めmemo

陰の気を放つ施設が窓から見える場合には、ブラインドやカーテンをつけて、それらの施設が見えないようにしておきましょう。窓辺に瓢箪を吊るしておくのも効果的です。瓢箪は悪い気を良い気に転化させる能力を持つとされています。気をコントロールして運気を上げましょう。

お清め風水
chapter
6

バスルームは一日の汗や汚れを落とし、疲れを癒すと同時に、悪い気も洗い落とす大切な場所です。そこが汚れていたり、散らかっていたりすると、その効果も半減してしまいます。バスルームを風水で清めて改善！　そうすれば、自然と自分が輝き出します。

bathroom
バスルームのお清め

バスルームを清める

恋愛運と健康運の要
バスタブ磨きは自分磨き

バスルームでこれだけはやりたい
風水ベスト5

1 排水口はこまめな掃除で清潔さをキープ

2 陰の気をためたスポンジ類は処分して交換する

3 上質でいい香りのシャンプーや石けんを使う

4 洗面台の鏡をキレイに拭き掃除をする

5 お風呂のお湯は何度も使わないで捨てる

清潔なバスルームが恋愛運を高めてくれる

その日の汗を流したり温まってリラックスするのみならず、自分磨きの場所でもあるバスルーム。恋愛運や美容運、もちろん健康運も担っています。湿気が出やすく、油断すれば陰の気が増えてしまうので注意が必要です。恋愛や健康の運気を上げたいときは、浄化と換気を心がけてバスルームや洗面台を清潔にしておくのが必須。散らかり放題のバスルームや安物ソープなどでは、到底恋愛運を高めることはできません。人に見せられるバスルームや洗面台にしておくことが運気UPの秘訣です。恋愛運を大きく左右するバスルームを清めて、恋愛気分を高めましょう。

お清め風水

bathroom rule

061

入浴後の掃除と換気 清潔な浴室で運を呼ぶ

汚れを落とす場所が汚いのは大問題

お湯を使い湿気が溜まりやすいバスルーム。ドアを開けたとたん、モア〜ンとした湿気を感じるようなバスルームは、カビや汚臭の温床になっています。もちろん健康にも良いわけはなく、運気もみるみる低下。恋愛運は一気に下がります。こんなバスルームで入浴するのは、陰の気の中に飛び込んで体を浸しているようなものです。

お清め memo

入浴後のバスルームはしっかり換気して湿気を取るように心がけましょう。バスタブからは湯を抜き、ブラシなどでよく洗い、水をかけておきます。お湯ではなく冷水のほうが悪臭予防に効果的。また壁や床の水はけが悪いバスルームなら、さっと水分を拭き取っておきましょう。

カビが発生した浴室の壁や洗面ボウルをそのまま放置していると、恋愛運から見放されてしまう！

恋愛運を下げている原因はコレ！ → 浴室の壁や天井にカビ

お清め風水

bathroom rule

062

排水口はこまめな掃除で清潔キープ

排水口は詰まる前にこまめな掃除が必要

排水口にへばりついた抜け毛。自分でも触りたくないほど不潔な印象です。抜け毛がへばりついた排水口は、パイプの中もドロドロ。そのぬめりなどが原因で浴室の気が淀んでいます。また、排水口の詰まりは体の詰まりに通じるといわれ、汚水が流れない状態では健康運も金運も下降の一途をたどり、恋愛運も望めそうにありません。

お清め memo

入浴後は必ず、抜け毛を取り去って排水口を清潔に。最後にお湯でなく水を流しておきましょう。週に一度は歯ブラシなどできれいに掃除。詰まりや汚れ、匂いの元を取り去れば、自身の詰まりも改善され、デトックス、美肌、ダイエットなど、ビューティー運も自然と上昇傾向に！

排水口の詰まりは体の詰まり。ダイエットやデトックスの効果もこのせいで半減！

恋愛運を下げている原因はコレ！ → 排水口に抜け毛がべったり

お清め風水

bathroom rule

063

陰の気をためたスポンジ類は処分！

スポンジやタオルは定期的に新品に交換

スポンジやボディタオルなどは、ついつい使い込んでしまいがちです。でも古くなったもので体を洗うのはNG！　悪い運気を体にこすりつけているようなものです。古いスポンジやボディタオルは見た目も悪く、毎日、古くなってボロボロになったバスグッズを目にしていては、気分も悪くなり運気を損なってしまいます。

お清めmemo

日々、体についた悪い気も落としてくれるスポンジ類。古くなってくると洗浄力が落ち、それ自身に陰の気がたまってしまいます。そんなに高価なものではないので、定期的に新しくてキレイなものに交換するようにしましょう。古くて傷んだものはバス掃除用品に回してもOK。

ボロボロのボディタオルやスポンジは、擦り切れた生活の象徴。まずは交換をして生活も好転！

恋愛運を下げている原因はコレ！

体を洗うスポンジが古い

お清め風水

bathroom rule

064

バス用品はまとめて整理で気を循環させる

使わないバスグッズは処分してすっきりさせる

バスルームの床に横倒しのシャンプーや転がったフェイスウォッシュ。バス用品が散乱し、掃除も換気も怠り、いつも濡れた床……。バスルームは、その人の異性との性的関係を表しています。いつも濡れているバスルームは、乱れた異性関係の表れ。片づける心の余裕がなく散らかり放題では、魅力的な異性との出会いなど望めません。不要なシャンプー類は処分しましょう。使いかけのヘアケア用品は長期間バスルームに置くと変質します。バス用品はプラスティックのカゴなどにまとめて収納し、換気して水気をぬぐえば、良い気がめぐりはじめ、恋愛運もUPしていきます。

バスルーム内は、いつもきれいに保ち、換気すれば上質な出会いにも恵まれるはず。

恋愛運を下げている原因はコレ！ → **バス用品が散乱している**

お清め風水

bathroom rule

065

花や果実の香りで上質な出会いを招く

上質なバスグッズは恋愛運上昇を助ける

ファッションや趣味のものにはお金をかけるけれど、ソープやシャンプーは粗末なもの。かくして限りなくチープな香りや無臭の白せっけんを使っている…。これでは色気がなく、人気運的にNGです。ソープ類は人気を集め、交際運を高める重要なアイテムです。チープなせっけんが呼び集めるのはチープな出会い、と考えてください。

お清めmemo

上質なソープを選びましょう。人からの信頼が得られたり高まったりします。また香りも大切。花やフルーツの香りがおすすめ。とくに恋愛運にはローズを。上質なソープの香りはナチュラルで上品なもの。レベルの高い出会いを招き、転職運もアップします。

特価品や安物のソープ類では恋愛運も下降気味。良い香りのものを使って恋愛気質を高めよう。

恋愛運を下げている原因はコレ！ → シャンプーや石けんが激安品

お清め風水

bathroom rule

066 恋愛運を左右する洗面台やコスメ類

洗面台はつねにすっきりした状態に

コスメ類を洗面台に乱雑に置いていたら要注意。もう恋愛は放棄します、あるいは、もうキレイになる気はないの、と宣言しているようなものです。洗面台が乱雑だと、恋愛運は見事にダウンしていきます。また、使っていないチークやアイシャドウ、脂にまみれたフェイスブラシなど、古いものは悪い気の温床となるのでこれもご注意を！

お清め memo

洗面台に保管するなら、コスメ類はキレイに整理してまとめておきましょう。その際、不要なものは処分し、汚れを拭き取り、悪い気がたまらないように注意します。あまりひと目には触れない場所である洗面台やコスメ類をキレイに保つことで美容運や恋愛運、出会い運が上昇します。

不要なコスメ満杯の洗面台やコスメボックスでは、美の女神もそっぽを向いてしまう。

恋愛運を下げている原因はコレ！ → 洗面台のコスメ類が乱雑

お清め風水

bathroom rule

067

水周りを磨きあげて自分磨きにつなげる

ピカピカのバスタブで気分も運気も高める

湯垢だらけのバスタブ、抜け毛や歯みがき粉のシミなどが放置された洗面台。シンクは水垢だらけ、蛇口はくすみ艶がない。バスタブも洗面台も毎日使う場所です。特に風水では大切な水を扱うスポット。それが汚れたまま放置されていては、運気が下がるのもあたり前。『最近ついてない』『出会いがない』という人、原因はコレです。バスタブや洗面台が汚れていると、気分まで滅入ってくるので、毎日軽く拭き掃除することと、週に一度、シンクや蛇口回りを掃除しましょう。ピカピカに磨き上げたバスタブや洗面台には、良い気が流れて福を招き、良い出会いも訪れるはず。

掃除も換気もしていない不潔なバスルームは、恋愛運どころか、すべての運から見放され×。

恋愛運を下げている原因はコレ！

バスタブが湯垢だらけ

お清め風水

bathroom rule

068

脱いだ服は放置せず洗濯まで隠して保管

一日着た服は悪い気をまとっているもの

帰宅後や入浴時に脱いだ服や下着を丸見えにしておくのはNG！　服は一度着ると汗や汚れを吸い、悪い気が付着していきます。出しっぱなしでは見た目が悪い上、汚れと生活感が人生を侵食していきます。脱いですぐに洗濯するなら別として、まとめて洗濯するという場合は、目に触れるたび不快な気分がたまり続け、運気はどんどん下がり続けます。洗濯するまでの間は、洗濯機の中やフタのついたランドリーボックスに入れておきましょう。フタ付きのボックスがない場合は、クロスなどで覆ってカバーしておきます。また、洗濯はどっさりたまる前にするのが吉。

脱ぎ落とした形のまま、放置された服や下着。だらしなさが厄を呼び込んでしまうので注意を！

恋愛運を下げている原因はコレ！ → **脱いだ服や下着が丸見え**

お清め風水

bathroom rule

069

棚の中に余裕を作り気の流れをスムーズに

洗面台の棚の中も整理整頓が重要

洗面台の棚の中に、長い間、まったく使っていないものがありませんか？　シャンプーなどのトラベルセットは、またいつか使うかも、と取っておきがちですが、使いかけのものを取っておくと運気が下がります。またホテルのアメニティ、おみやげにもらったコスメなど、不要なものを詰め込んだ洗面台も運気ダウンの原因！　洗面台の戸棚の中は定期的にチェックして整理。使わないものは処分してしまいましょう。とかく洗面所は湿気や陰の気がたまりやすい場所です。棚の中のスペースをできる限り空けて気の流れをよくし、運気を高めることを意識しましょう。

不要なコスメなどは、潔く処分して吉。陰の気がたまりやすい洗面台は、少しの油断で運気がダウン！

恋愛運を下げている原因はコレ！ → 棚にある使っていないコスメ

お清め風水

bathroom rule

070

入浴後はお湯を捨て バスタブ内を軽く掃除

お風呂のお湯は何度も使わないこと

追い焚き機能があるお風呂の場合、翌日までバスタブに湯をはったままにしていませんか？汚れた湯を長時間ためておいたり、何度も沸かし直したお湯に浸かると金運がぐんぐん下がってしまいます。しかもバスルーム内に湿気が充満してしまい、カビの原因にもなります。バスタブの残り湯はできるだけ早めに流しましょう。

お清めmemo

お風呂は生活で最も多く水を使うので、運気におよぼす影響力は大です。入浴後、すぐにバスタブの栓を抜いてお湯を捨てるようにしましょう。その後バスタブ内を軽く掃除し、水をかけまわしておきます。バスタブ掃除は毎日の習慣にすると、運気も確実に上昇していきます。

体の汚れや悪い気を落とした残り湯のキープは×。入浴後は湯を捨てて、バフタブを拭き掃除を。

金運を下げている原因はコレ！ → **バスタブの残り湯**

お清め風水

bathroom rule

071

タオル類はいつも清潔なものを使用

バスマット洗濯を忘れがちでは？

バスタオルやバスマットは、入浴後の体を拭くだけだから汚れない、と思っていませんか？何日も交換せずに、そのまま使い続けていると、陰の気がどんどんたまっていき、運気はどんどん下がって行きます。せっかく入浴して、汚れや外出時についた悪い気を落としたのに、陰の気がたまったバスタオルで拭くのは避けましょう。

お清め memo

バスタオルや洗面台のタオル、バスマットなどは、こまめに洗濯してしっかり天日干ししましょう。古いものは定期的に新品と交換すること。キレイで清潔なタオルを使うことで気分的にもリフレッシュし、運気もUPします。古いものは雑巾にして掃除用にしてしまえば無駄なく使えます。

陰の気がたまった、古くて不潔なタオルやマットは定期的に新しくすることで、運気も上昇傾向に。

恋愛運を下げている原因はコレ！ → 汚いバスマットやタオル

お清め風水

bathroom rule

072

鏡がピカピカなら恋愛運も大幅アップ

鏡がくもっていると自分の目もくもる

油断していると、すぐにくもってしまう鏡。しかも、洗面所の鏡は、ケアしていないと水滴や歯磨き粉などの様々なシミがついたままになりがち。ひと目で不潔そうと思える鏡を使い続けているのは、いくらヘアメイクに時間をかけても自分磨きにはならず、恋愛運や美容運が一気に下降していってしまうので注意してください。

お清め memo

鏡は自分を映し出すための大切なアイテムです。その鏡がくもりのあるくすんだ状態では、肌の微妙な変化やコスメののり具合もきちんとチェックできず、美容運を妨げてしまいます。鏡はキレイに掃除し、ピカピカに磨いておくことで幸運を招き、恋愛運もUPしていきます。

鏡のくもりは自分自身のくもり。肌艶や目の光も自然と失われていくので注意が必要。

恋愛運を下げている原因はコレ！ → **汚れた洗面台の鏡**

お清め風水

chapter

7

仕事部屋は文字通り、仕事運を司る場所です。ここの環境次第で、仕事がうまくいったり、うまくいかなかったり。机の上や棚の中、本棚など、整理整頓されていればいるほど、仕事の効率や成果も上がってくるはずです。仕事の意欲が高まる部屋に改善しましょう。

workroom

仕事部屋のお清め

整理された部屋やデスクが仕事運UPの鉄板ルール

これだけはやりたい仕事部屋で 風水ベスト5

1. デスク上には何も置かずスペースを確保
2. パソコン内の不要データは定期的に削除する
3. 失敗した過去の書類は処分して前を向く
4. 手帳で予定を管理しメモもこまめに
5. 書類は新しい順に並べて保存する

整理整頓された状態ならいいアイデアも浮かぶ!

仕事部屋やオフィスのデスク周りは、文字どおり仕事運を左右する場所です。落ち着いて仕事や作業に取り組める環境を整えることが、運気UPへの近道です。とはいえ、忙しくなればデスクも乱雑になりがち。ただ、そのまま乱雑な状態を放置していると、やがて重要な書類を探すのに時間がかかったり、あげくにはミスを連発したりと、どんどん運気は下降線です。

本棚や書類、デスク周りなど、すべてが整理された仕事部屋なら、作業がはかどるだけでなく、頭も冴えていいアイデアも浮かんでくるでしょう。そのためにも、仕事部屋のNGポイントを改善しましょう。

仕事運
を下げている
原因はコレ！

重要な書類が足元に……

重要案件の書類を足元に置くのは、それを軽んじていることになるので風水的にNG。

お清め風水

workroom rule

073

重要案件の書類は目線より上に置いて吉

大事な資料は常に意識できる位置に

デスクの上がモノでいっぱい。片付ける余裕もなく、現在進行中の重要案件の資料を、いたしかたなく、あるいは野放図に足元に置いている。これは風水に置いて、厳禁のルール。大切な仕事関連の書類は視線より上に置くのが鉄則。足元に置くのは仕事をおろそかにしていることになり、順調に運ばず悪い方向へと流れていきます。重要案件の書類はデスク上の棚の上に。見上げる位置に立てて保管しておきましょう。視線より上に置くことで、常にその存在を意識し前向きになれるので、迅速な対応につながります。結果的に仕事を成功に導くことができるはずです。

仕事運 を下げている原因はコレ！ → デスクまわりがゴチャゴチャ

山積みの書類や資料が気の流れを止めて運を停滞させる。デスクをスッキリさせれば運も上昇！

お清め風水

workroom rule 074

デスク上は何も置かず良い気の流れを維持

デスクを整理整頓で頭の中もスッキリに

デスク上は山積みの書類や資料、下から引き抜けば雪崩発生。引き出しの中もギュウギュウ詰めで必要なものが見つからない。こんなデスクでは仕事ははかどらず、処理能力にも悪影響。仕事回りの環境を乱雑にしておくと、表面上はうまく回っているようでいて、仕事の詰めが甘くなり、水面下で問題が進行している可能性も。

お清め memo

デスク上が乱雑だと、頭の中も乱雑ということ。それによって集中力や効率もダウンします。引き出しの中も古い文房具や使っていないものは処分しましょう。デスク上は無駄なものを片付け、いつでも書類を広げて作業できるスペースを確保することが仕事運UPのポイントです。

仕事運を下げている原因はコレ！ → パソコン内の不要なデータ

パソコン内に不要なデータがそのまま。情報を詰め込み過ぎて、仕事運にも見放されてしまう。

お清め風水

workroom rule 075

不要データの処理でツールの運気をUP！

月に一度は溜まったファイルを処理しよう

パソコンには過去の仕事のデータや関連資料のデータを捨てずにキープ、デスクトップはファイルが無数に……。これでは必要なときに迅速に求めるファイルを見つけることができず、仕事の効率にも悪影響。さらに、こうしたデジタルデバイスも、古いものや不要のものが満載になると悪い気がたまるようになるので注意しましょう。月に一度はパソコンやタブレット内のデータ整理をしましょう。溜まったメールやファイルを整理し軽量化すれば、仕事やプライベートの進行もスムーズになります。同様にゴミ箱内の不要ファイルもこまめに捨てることで運気UPにつながります。

仕事運
を下げている
原因はコレ！

失敗した仕事の書類

失敗例の資料を、いさぎよく処分してスペースを空けておくことが未来を呼び込む。

お清め風水

workroom rule

076

過去の書類は処分し未来への余裕を作る

負の要素をまとったものは処分して開運

全力を注いでトライしたのに逃したコンペ、死力を尽くして対応したのにうまくいかなかった案件。全力だっただけに未練が残り、今後何かの役に立つかもと取っておいた仕事の資料。そんなものは何の役にも立ちません。失敗例は参考にならない上、気に対しても悪影響。無駄なものの上に負の要素をまとった書類は仕事運を下げます。基本的に苦い記憶の残るものは風水的にNG。失敗した仕事の書類は、一度反省点を確認したら、いさぎよく処分して新しい気を呼び込みましょう。また、無駄なものを処分することで、スペースに新しい案件が入ってくるだけの余裕が生まれます。

仕事運
を下げている
原因はコレ!

手帳を持っていない

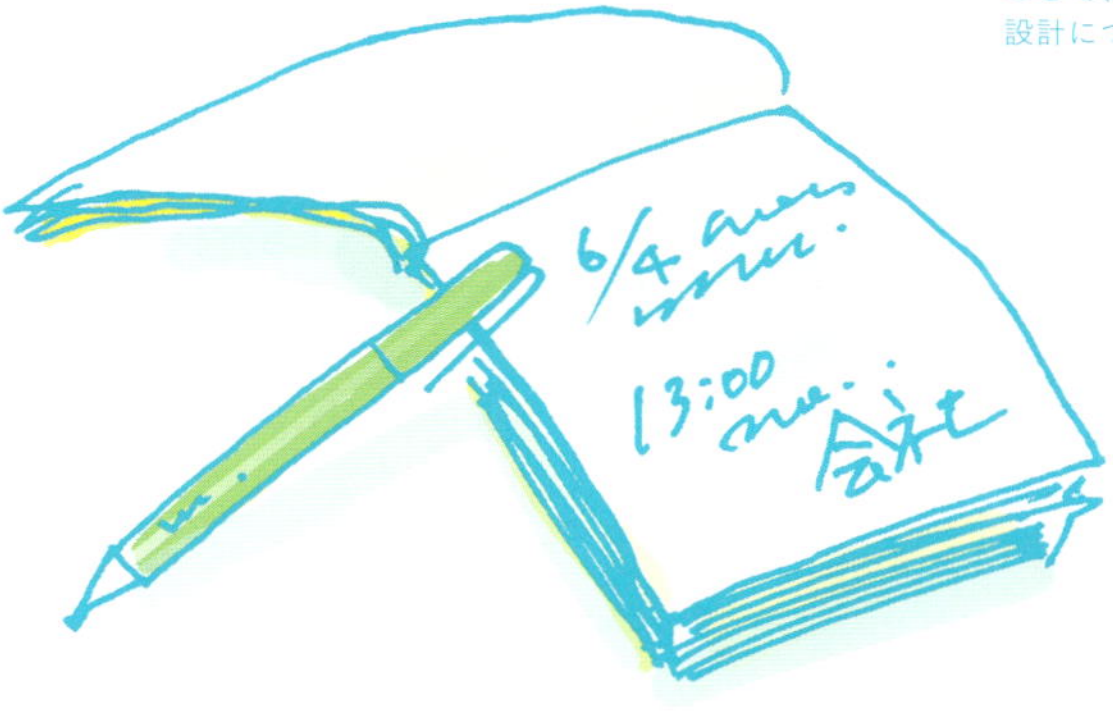

予定だけでなく、その日の体験の感想などを書くことで、これからの人生設計につながる。

お清め風水

workroom rule

077

手帳で予定を管理し メモもつければ万全

スケジュール管理は 仕事の基本中の基本

仕事でもプライベートでも、スケジュール管理は最も重要なことです。きっちり管理されているなら紙でもデジタルでも良いのですが、きちんとした手帳を使っていない場合はNG。ノベルティでもらったようなチープでうすっぺらい手帳に、わかりづらいメモ程度に書き込んだスケジュールでは、いつか大きなミスを起こしかねません。紙の手帳の場合は、上質で機能的なものを選びましょう。日付や時間、場所や仕事内容だけでなく、浮かんだアイデアや感じたこと、気づいたこと、体験したことなどもメモしておくと、生活や人生全体のプラスになり、運気UPにつながります。

仕事運
を下げている
原因はコレ！

書類が高く積まれている

見づらく取り出しにくい横置き＆山積みの資料は効率も下がり×。どの部屋でも整理整頓は風水の基本。

お清め風水

workroom rule

078

書類は新しい順に立てて並べて保存

書類は取り出しやすい状態で保存するのが◎

デスク上に横に積まれた資料や書類。案件が終わっても、これでは片づける間もなく上積みされるので、ますます壮大な無駄の山が高くなっていきます。何がどこにあるのか見づらくて取り出しにくい。また、この状態では掃除もできず、デスク上はホコリだらけのはず。仕事運は山の高さに反比例してどんどん低くなっていきます。

お清めmemo

書類は立てて収納するようにしましょう。そうすれば必要な時にさっと取り出すことができます。また、新しい案件順に右から並べていくなど、ルールを決めると各案件の書類の場所がわかりやすく、仕事の効率もUPします。書類が整理されれば、良い気も流れ、仕事運が上昇します。

お清め風水
chapter

8

子どもを育てる上で重要なのが、子ども部屋の環境。子どもが全然勉強ができないといった場合、まずは子ども部屋をチェックしてみましょう。そもそも、集中できない環境になっていたり、やる気をそいでしまう場所になっているかもしれません。

child's room
子ども部屋のお清め

子ども部屋を清める

学習能力や創造性を育み
勉強運をUPさせるには？

子ども部屋でこれだけはやりたい

風水ベスト5

1
文昌位（P117参照）に
机を置けば
勉強運も大幅UP

2
子ども部屋は
親の目の届きやすい
部屋に割り当てる

3
風景の写真や
名画を飾って
運気を高める

4
光の位置を
考えて
机を配置する

5
梁やエアコンの
下に机があるなら
すぐに移動する

子どもの成長を左右する部屋の環境を整える

成長過程にある子どもたちにとって、家や子ども部屋の環境による影響は大人よりも大きく受けます。風水で整えられている環境かどうかで、子どもたちの運勢が左右されます。風水の考え方の基本は「危険を避け幸運に向かう」こと。部屋の中においてもそれは同じです。より学習能力が高まり、なおかつ健やかに成長できるスポットと、あるいは全く逆効果になるスポットや条件があります。

子どもが良い方向に育ってくれるためにも、子ども部屋の環境を整えていきましょう。環境が整えば、自然と勉強意欲もわいて、集中力も高まってくるはずです。

お清め風水

child's room rule

079

親がいる場所の近くに子ども部屋を移動する

子どもの存在を確認できる場所に

近頃は三階建てなどの家も多く、一番上の小さな部屋を子ども部屋にあてたりする場合も。親の部屋と隣接していれば問題ないのですが、リビングルームや親の部屋と離れているのは風水上NG！　まわりに部屋がない子ども部屋は、孤独な人間性を育て、子どもの運を阻害します。また、狭すぎたり広すぎたりするのも良くありません。

お清め memo

子どもたちは、まだ耐性がなく純粋であるがゆえに、大人以上に環境や気に左右されながら成長します。子ども部屋は親子や家族間のコミュニケーションが密に取れるような場所に移しましょう。子どもの表情の変化を自然に確認できるような環境で生活すれば、子どもの運気もUPします。

親と離れた子ども部屋は孤独な人生の暗示で×。広すぎず狭すぎず、適度な広さの部屋が◎。

勉強運を下げている原因はコレ！

→ 子ども部屋が孤立している

お清め風水

child's room rule

080

壁を背にして座り集中力をアップさせる

窓に目が行って集中できない

勉強に身を入れて欲しいと願うなら、窓際に机を置くのは避けるべきです。交通量の多い道路に面している場合は、車の音に悩まされたり、行き交う人の話し声に惑わされたり……。あるいは外の景色がよすぎたりしても、つい視線や意識が向いてしまい、眺めたり夢想にひたりがち。上の空になって勉強に集中できません。机は、壁を背にして座る位置に置くのが理想的。なおかつ部屋の入り口が見える場所。もし部屋の広さの関係でそれができない場合は、壁に向かって座るのが無難。窓に向いた位置から移動できない場合は、窓にブラインドをおろすなどして対処しましょう。

壁を背にした位置が勉強机の理想型。外界に意識がいきがちな窓辺に机を置いては集中力ダウン。

勉強運を下げている原因はコレ！ → 机が窓に向いている

お清め風水

child's room rule

081 机の上から照明をあてるようにする

光の位置を考えて机の配置をしよう

風水では光にとても重要な意味があります。室内環境の場合は、照明の位置が大切です。子ども部屋では、机に向かって座ったとき、背後から照明があたっているのはオススメできません。天井にライトがあるとどうしてもそうなりますが、これは風水的に良くない状態です。落ち着かない気分になり、勉強に集中できなくなります。照明は必ず、デスク上かサイドに置いたスタンドで、机の上を照らす形にしましょう。教科書や参考書の文字がよく見え、またパソコンやタブレットのモニターを見るにも目を疲れさせずにすみます。正しい照明の位置で勉強運を上げましょう。

照明が背中から照らす位置は、落ち着かず本も読みづらいため、勉強にも集中できない。

勉強運を下げている原因はコレ！ → **背後から照明があたっている**

お清め風水

child's room rule

082 梁やエアコンの下から机を移動して運気UP

気の流れの悪い場所に机を配置しないように

うちの子はどうも勉強に集中できていない、成績が上がらないという場合は、椅子の真上あたりに梁やエアコンがないか、確認してみてください。梁の下は気が乱れるので精神的に不安定になったり、健康運に悪影響があります。エアコンの真下も、電磁波と風の影響で判断力が鈍ります。どちらも運気を下げてしまうので要注意！

お清めmemo

梁の下やエアコンの真下から、ただちに机を移動することが最善の道です。できない場合は、梁の上に明るい色の紙か布を張り、仮の天井を作ることで気の流れを安定させることで対処します。エアコンの場合は、冷え過ぎになることもあるので、注意しておきたいポイントです。

梁やエアコンによって、かき乱された部屋の気は、子どもに悪影響を与えてしまいかねない。

健康運を下げている原因はコレ！ → **椅子の真上にエアコンや梁**

お清め風水

child's room rule

083

文昌位に机を置けば勉強の効果も大幅UP

無意識に警戒して勉強に身が入らない

ドアを入って真正面に学習机がある。つまり、部屋に入った人からは子どもの背中が見え、子どもからは誰が入ってきたのかすぐにわからない状態。これは風水的にNG！　背中にドアがあると無意識に警戒してしまい、勉強に身が入りません。また、ドアから入ってきた気を直接受けてしまうので、これまた集中力がそがれてしまいます。机は文昌位に置きましょう（P117コラム参照）。ドアが見える位置に置くと誰が入ってきたかすぐにわかるので安心です。移動できない場合は、机の背後についたてを置くようにして、気の流れを変えておきましょう。観葉植物でも効果あり。

部屋に誰が入って来たのか、すぐにわからないのは風水的にNGな間取り。改善しよう。

勉強運を下げている原因はコレ！ → **机がドアを背に座る位置**

お清め風水

child's room rule

084

木製机に替えれば良い気が部屋を満たす

木製の家具には良い気が宿っている

子どもっぽい学習机でなく、成長しても使える大人用ワークデスクを選んでいる家がありますす。ホワイトやシルバー、ブラックなどの塗装を施されたスチール製で、シンプルなモダンデザイン。これは風水的によくない選択です。金属製の机は体を冷やし、クールなデザインは気分が落ち込みやすくなるので、健康運に害をおよぼします。

お清めmemo

スチール製の学習机は木製のものに替えることをオススメします。木製の家具は暖かみがあり、毎日触れていることで癒やしの効果があります。また、木材にはそもそも良い気が宿っており、それは家具などに加工されても変わらず、室内に良い気をもたらしてくれる効果もあります。

冷たい金属のデスクは気分が落ち込みやすいので×。天然素材の暖かみのある勉強机がオススメ。

健康運を下げている原因はコレ！ → **冷たいスチール製の机**

お清め風水

child's room rule

085 美しい風景の写真や名画を飾って運気UP

部屋に飾る写真や絵は内容が運気を左右する

絵や写真にも気が流れています。美しい風景や植物など、見ていて心地良い絵や写真には良い気が宿っています。一方、ホラー映画のワンシーンのような、血塗られたゾンビが描かれたような絵や写真は、当然、マイナスの気が宿っています。こうしたものを子ども部屋に飾っておくのはNG！　子どもの運気が日ごとに下がっていきます。ゾンビのポスターやドクロの絵ははがしましょう。見ていると心穏やかになるような絵画やポスターを貼っておくと運気UPにも効果的です。また、感性を養うためにも、古今東西の名画の複製写真などを飾っておくのもオススメです。

ドクロやゾンビの絵や写真は邪気を誘い込むので×。心が穏やかになる絵や写真に替えて福を呼ぶ！

勉強運を下げている原因はコレ！ → **ホラーめいた絵や写真**

お清め風水

child's room rule

086

ぬいぐるみや人形はせいぜい1～2個まで

ぬいぐるみが気を吸収してしまう

数えきれないくらいのぬいぐるみやフィギュアが、大中小と勢揃いし、学習机の上や周囲に満載されている。これは風水では良くない状態です。遊び用のものやゲームなどが学習机の上にあると、勉強に身が入らなくなるのはもちろん、ホコリがたまったり気が停滞したりして、運気はどんどん下がっていってしまうのです。

お清めmemo

ぬいぐるみや人形は子どもに1～2個厳選させて残し、あとは片づけましょう。ぬいぐるみなどには気が宿っているので、心を癒してくれる面もありますが、それでも程度の問題。フィギュアなどで、不気味なものやギザギザしているものは思いがけない災難を呼ぶので注意しましょう。

大量の人形やぬいぐるみはホコリと陰の気を溜め込むので×。置くのは本当に大切なものだけに。

勉強運を下げている原因はコレ！ → ぬいぐるみや人形が満載

お清め風水

child's room rule

087

植物が枯れたら部屋の環境をチェック

植物にとって悪環境は人間にとっても同じ

空気を清浄にしてくれたり、癒し効果があるといわれる植物。いろいろな植物を置いてみたものの、どれもみな見る間に生気を失っていき、やがて枯れてしまう。こんな部屋は要注意。植物の育たない部屋は、何か大切なものが決定的に欠けています。当然人が住むのにも良い環境ではありません。植物は運気のバロメーターです。まずは植物が枯れる要因を、部屋の環境からいろいろ探ってみましょう。植物の成長に必要なのは、水分、日光、温度、風通しなど。これらが足りていなければ、人にも、特に子どもには暮らしやすい環境とはいえません。室内をより良い環境に改善を。

日差しや通風、温度など、健康に必要なものを見直す必要あり。植物が枯れる理由を考えよう。

勉強運を下げている原因はコレ！ → なぜか植物が育たない

お清めコラム 7

バスルームは自分磨きとリラクゼーションの場所

バスルームの状態は、その人の女子力を映し出す鏡といえます。バスルームに立って、客観的にチェックしてみてください。湿気でカビ臭い、排水口に抜け毛がベッタリ、バスタブやボウルには水垢や石けん垢が蓄積。シャンプー類のバスグッズは散乱し、フタがあけっぱなしだったり、倒れてこぼれていたり…。これでは、どう見ても魅力的なバスルーム＝女性とは思えません。

一日の疲れを取り、汚れを落とすとともに、バスルームは心身ともに癒され、明日へのエネルギーを補給するところ。そして一番重要なのが自分を磨くための場所だということです。バスルームを清潔にして、良い気を呼び込むために快適でリラックスできる雰囲気づくりをしましょう。

ピンクやオレンジ色の花を一輪、生けておくのもオススメです。バスルームに置くと運気アップに効果的とされる、ガラスやクリスタルのオブジェも置いてみましょう。バスタブの周りにアロマキャンドルを置いて、ゆったりお湯に浸かるのも心地良いひとときです。毎日のバスタイムに彩りを添えて楽しみ、内面も外面も磨き上げることで恋愛運が強まります。

お清めコラム 8

机を『文昌位』に置いて仕事運を呼び寄せる！

仕事運や勉強運をUPさせたい！　それには、デスクを置く位置がとても重要です。仕事運や勉強運を上げる方位のことを、『文昌位』といいます。そこにデスクを置いて作業すると、仕事の効率がよくなる上、企画力や学習能力が高まるとされています。

　こうしたことから、デスクは『文昌位』に置くのが理想なのですが、その場所が窓に面していたり、入り口を背にしていたり、頭上に梁があったらNG。逆効果でたちまち仕事運や勉強運ばかりか、健康運までダウンしてくるので要注意です。以上の条件をクリアしていることが大前提といえます。では、その『文昌位』の位置とは？

　『文昌位』の位置は家の玄関の方位によって変わってきます。たとえば、玄関が向いている方角が北だとすると、その家の『文昌位』は南になります。また、仕事部屋がワンルームの場合は、部屋のドアの向きで変わります。入り口のドアが南向きだとすると、真北ではなく少しずらして、部屋の中心から東北の方角に机を置くのが理想的です。まずは下の図で自宅の『文昌位』がどこになるのか、その位置を確認し、業績UPや学業UPを勝ち取りましょう！

文昌位はここでチェック！

●玄関・部屋のドアの向き → ★文昌位

1. 北→南
2. 東北→西
3. 東→西南
4. 東南→東
5. 南→東北
6. 西南→北
7. 西→西北
8. 西北→東南

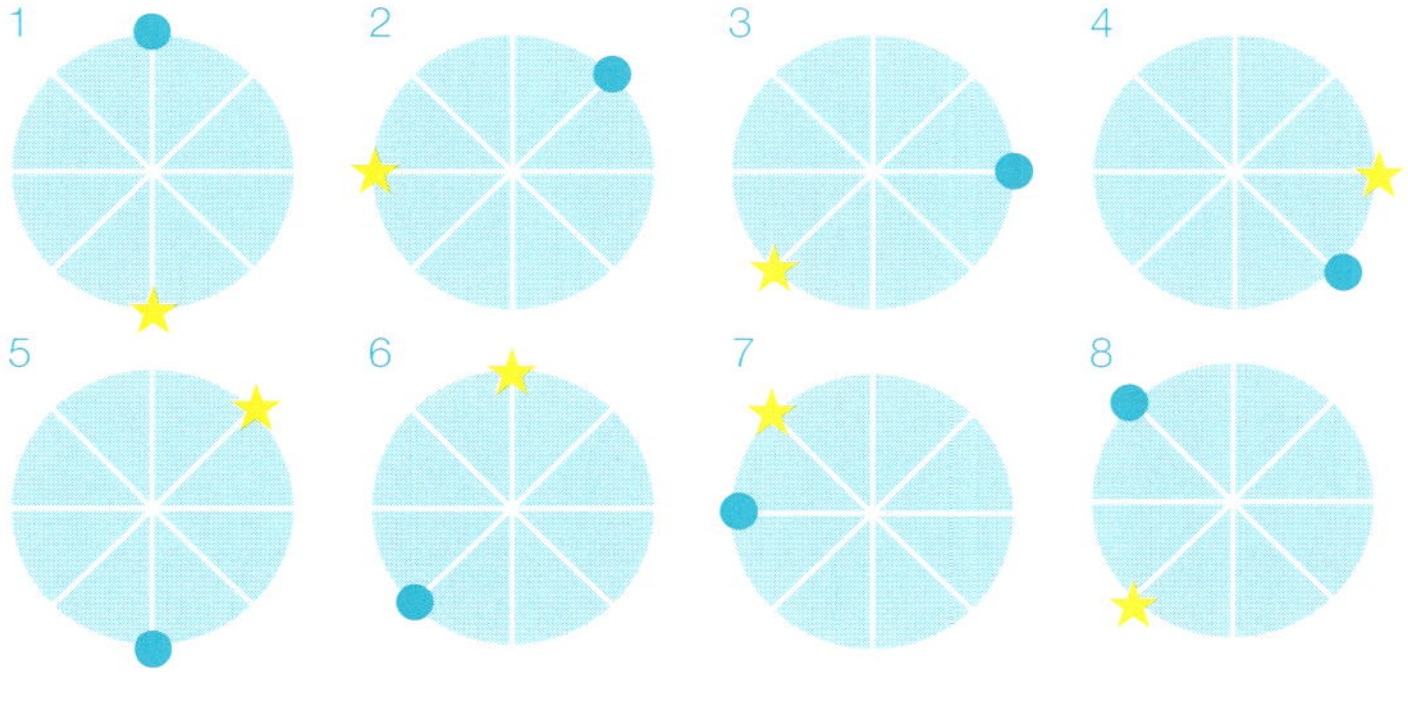

お清めコラム 9

本棚を片づければ頭の中も整理整頓できる

「ウチの子、最近成績が上がらない」とお悩みの場合、勉強部屋の本棚をチェックしてみてください。元から収納してある本の隙間に、あとからあとから、新たな本や雑誌を無理矢理突っ込んでありませんか？

　本棚の乱れには、頭の中の乱れが表れています。本棚が乱雑で収拾がつかないようでは、子どもの頭の中もさぞかし散らかっていることでしょう。いくら勉強しても、これ以上頭の中に、新しい内容が入る隙間がありません。早急に本棚を整理することが肝心です。

　本棚を整理すると頭の中もどんどんクリアになり、今までの不調が嘘のように勉強効率や能力がUPしてくるはずです。本棚を整理するときのポイントは、一番下に重い本、一番上に軽い本、ひんぱんに取り出す本は真ん中の棚に収納しておくのがオススメです。

　本は定期的にチェックして、古い本や不要な本は処分するよう習慣づけることも大切です。床に置くのは運気が下がるので絶対にNG。大人になっても、本棚がいっぱいでは、新しい情報に出会えないままになってしまいます。余裕のある本棚がいい知らせを運んできます。

お清め風水

chapter 9

これまで、家の部屋にNGがないかをチェックしてきました。この章では、NGではなく、これをすれば運気がUPするという風水を紹介していきます。NGを改善して、さらに運気を高める風水を実行すれば、全体の運気は見違えるほど上がるはずです。

money
health
love
work

運気別風水

お清め風水
rule
001

金運をUPする風水

↓

縁起物を飾る

ごちゃごちゃ飾るのは逆効果。清潔な場所に厳選してひとつかふたつを飾るようにしたい。

金運を招くとされる縁起物を飾っておく

ひとつかふたつにしぼって効果を得る！

ヒキガエルや鹿、伝説上の動物の貔貅《ひきゅう》などの置き物、牡丹の絵など縁起物を飾っておくと金運UPに効果あり！ヒキガエルは銭を吐き出すので、頭を家の内側に向け、貔貅は四方の財を食べるので頭を玄関の外に向けて置きます。また、鹿は中国語で給料を意味する禄（ルー）と同じ発音なので給料アップに効果的とされます。幸運を運ぶとされる縁起物や、空間を美しく、楽しくさせる置物は風水的に大吉ですが、一カ所にひとつかふたつくらいにすること。また、飾る場所は定期的に拭き掃除して清潔に保つことが肝心。いくら縁起物を置いてもホコリだらけでは効果なし！

金運をUPする風水

上質なものを揃える

お清め風水
rule
002

暮らしに上質なものを選び貴い気を呼び込む

上質なものが持っている、高貴な気が取り込める。優雅な雰囲気を身につけようという意識が大切！

キレイで明るい雰囲気の演出が大切

類は友を呼ぶという法則の通り、貴い気を帯びたものを身近に置くと金運が高まります。同時に地位の高い人や富裕層の人たちが、自然と集まってくるように。たとえば、上質で精巧な造りの花瓶や高級ブランドの食器、胡蝶蘭の鉢植えなどを、生活の中にとり入れてみましょう。家の中から「貧困の気」を追い払ってくれます。いかにも安っぽくてボロボロの家具や調度品の中で暮らせば、気持ちは委縮し運気は下がる一方。でも実際に今、資金がないという場合は、きれいな花を飾る、明るいテーブルクロスを敷くなど工夫して優雅な雰囲気に。それだけでも気が動き始めます。

財布を変える

財布を管理して財運を引き寄せるコツは、お札にシワをつけずゆったり財布に入れること。

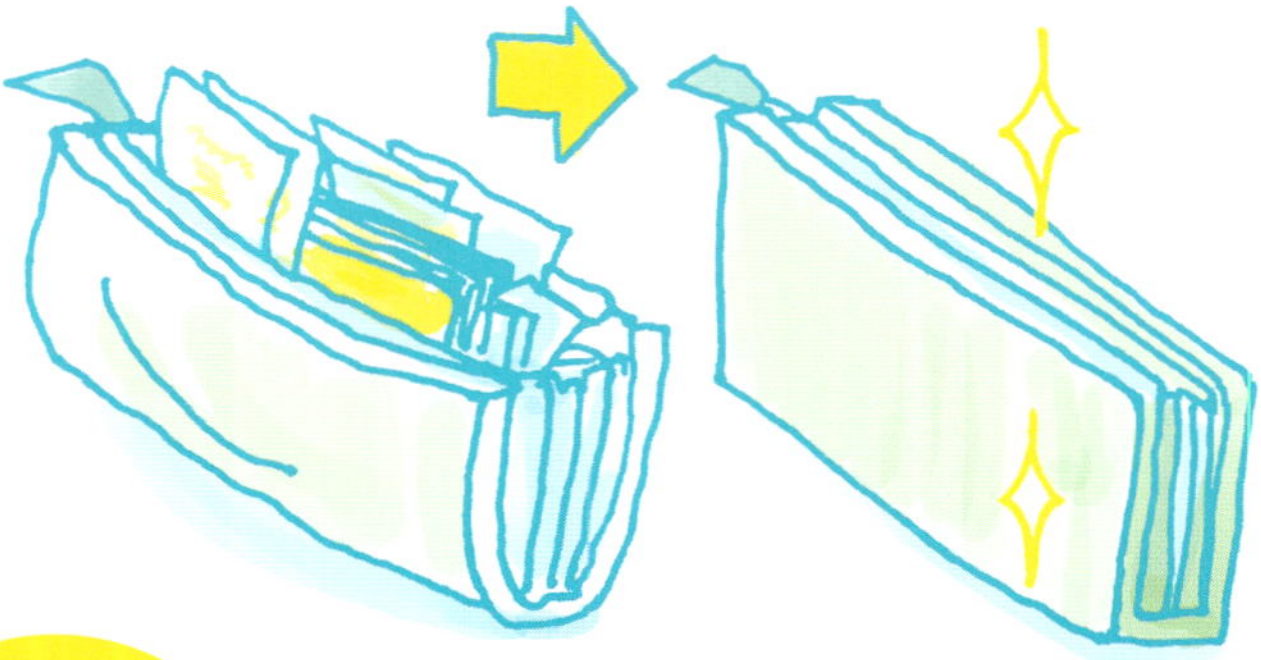

お清め風水
rule
003

パンパンにふくれた財布の中を整理整頓

自動的にお金が貯まる財布とは？

レシートやカード類でパンパンにふくれあがった財布には、これ以上お金が入ってくるスペースがありません。領収書類はその日のうちに整理することを習慣にしましょう。ポイントカードなどは有効期限をチェックして、不要なものはすばやく処分します。財布の中を良い気が流れる状態にしておけば、福の神が訪れます。また、お札はシワが嫌いなので、折らずにゆったり扱える長財布がオススメ。予算より少し高めの上質な財布を選ぶと金運が良くなります。派手な花柄や赤は陽の気が強すぎ散財しがち。二つ折りは大切な紙幣を折ってしまうのでオススメできません。

金運をUPする風水

通帳を2つ用意する

お清め風水 rule 004

貯金通帳は貯蓄用と生活費用に分ける

生活費を引き出す通帳と貯蓄用通帳を分けるのは金運UPの基本。

貯金箱も貯まったら涼しい日陰に移動

金運UPのコツは、貯蓄用の通帳と、生活費など必要経費を引き出す通帳を分けることです。また、保管場所についてもルールあり。お金は暗くてひんやりとした場所を好むので、そうした場所に保管しておくと無駄な出費を防ぐことができます。貯蓄用の通帳をそこに置けば、黙っていてもお金が貯まっていきます。通帳のみならず、財布や宝石、印鑑などの貴重品も寝室のクローゼットや引き出しへ。暗くて陽の当たらない場所にしまうのがベスト。貯金箱は貯金しやすいよう、リビングや自室のテーブルなどに置いてもいいのですが、貯まったら冷暗所に移動しましょう。

『財気位』は部屋の入口の対角にあり、良い気が集まる場所のことを指す。

お清め風水
rule
005

購入した宝くじは抽選日まで財気位に

宝くじは財気位で保管

換気を良くして財気位の効果を持続

神棚や飾り棚、引き出しの中。宝くじの保管場所はさまざまですが、運気の良い場所に保管しておくのが福を引き寄せるポイントです。抽選日を待つまでの宝くじは、部屋の入口の対角線に当たる「財気位」に置いておきましょう。ここは良い気が集まる場所とされます。この場所か、神棚に置いておくといいでしょう。「財気位」は部屋に入った気がたまるとされる場所です。そこにソファや椅子などを置いて座れば、運気が上がる風水スポットですが、部屋が密閉されていては効果なし。家の中の空気が淀めば運気の流れも停滞。1日に数回、窓を開けて換気を忘れずに！

金運をUPする風水

お清め風水 rule 006

乱雑になってしまったドレッサーの中を整理

ドレッサーを整理する

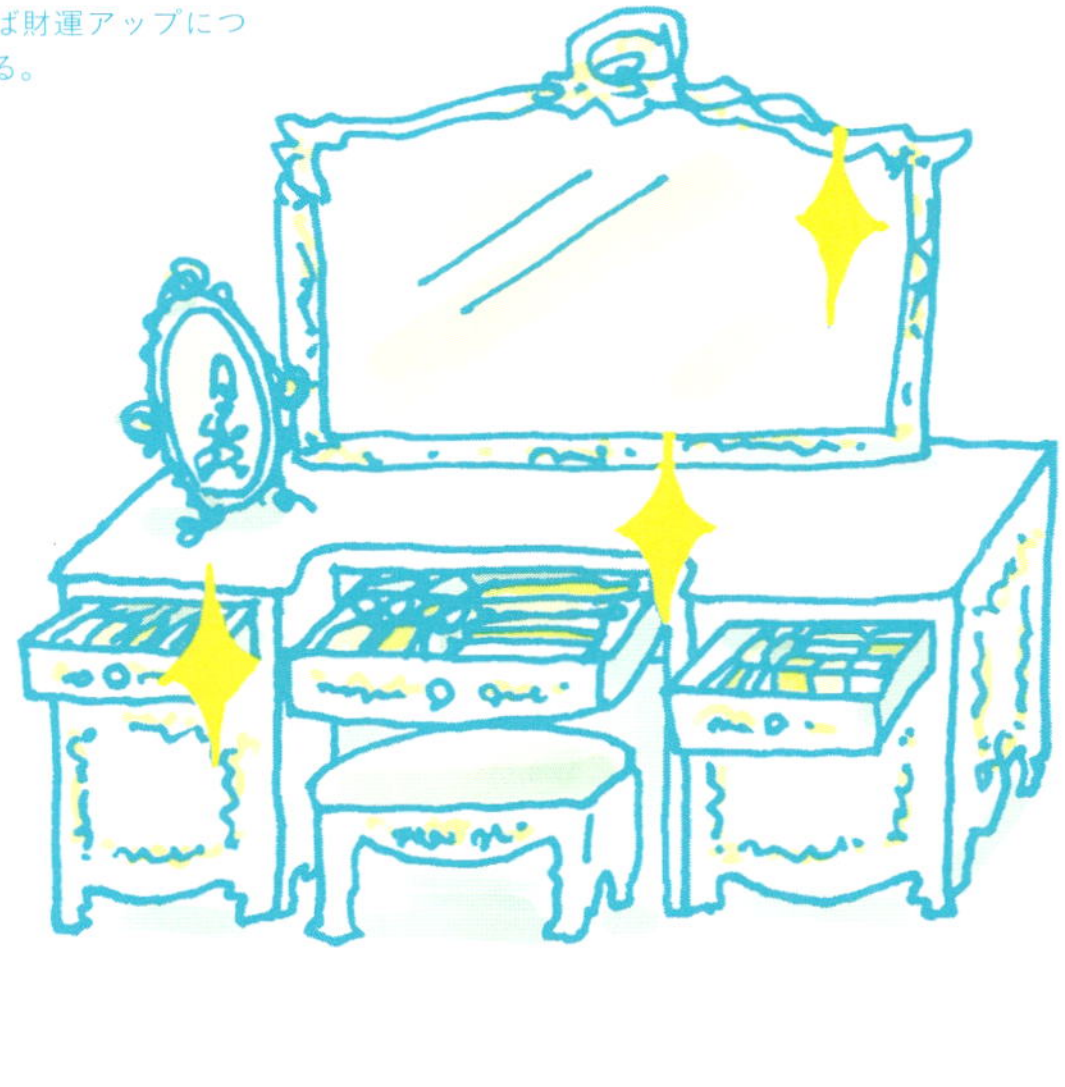

コスメボックスを片づければ財運アップにつながる。

お小遣いが増えるコスメボックス掃除

忙しい毎日、特に出がけに使うドレッサーやコスメボックスなどは、コスメ用品などが乱雑に放置されがち。が、ここは女性の財運の象徴です！　短いスパンで定期的に整理することが肝心。不要なものや試供品は処分し、すっきりと清潔なドレッサー環境を整えます。きちんと管理することで金銭管理力が上達し、金運もUPします。特に女性にとって、美容に欠かせないコスメボックスはお小遣いの象徴でもあり、整理されていると、趣味などの楽しみに使えるお金がどんどん増えていきます。パウダーの粉やファンデーションのシミなどは拭き取り、使用後はすぐしまう習慣を！

健康運をUPする風水

↓

寝具を買い替える

お清め風水
rule
007

ゆったりとした新しいベッドで体調回復、健康運もグングン上昇。

体調が優れないなら寝具の買い替え時期

ベッドの下の気の流れも肝心！

寝室の状態は健康の要です。いかにも簡易ベッド然とした、チープなパイプ作りのベッドでは、幅が狭く不安定なので眠りが浅くなりがち。安眠できず、体を休めるには不向きです。天然素材でゆったりしたサイズのものを選びましょう。スプリングが硬めでしっかりした上質なマットと、安定感のある木製ベッドが吉です。また、重くて古い布団や薄くて寒い布団、寝心地の悪い枕などは処分しましょう。軽くて暖かい羽毛布団などの寝具に一新して、安眠と健康運を確保しましょう。ベッド下には何も置かないことも重要。すっきりさせ、気の流れを良くすることが大切です！

健康運

をUPする風水

お清め風水 rule 008

明るく華やかな雰囲気で料理をさらにおいしく。家の食事が楽しいムードを演出し健康運UP！

テーブルクロスを変える

明るいクロスと生花で食事が楽しく

家族の健康維持には明るい雰囲気が重要

食事のためのスペースを、できるだけ快適に保っておくことが健康運UPのカギ。良い気が流れるように清潔でゆったりした空間であることはもちろん、明るさや華やかな要素をプラスすることも大切です。料理をよりおいしそうに見せてくれる色調のテーブルクロスや生花を加えることで、良い気を体内に取り込めます。また、健康には家の明るさが大きく影響します。特にキッチンやリビングに明るさが足りないと、ジメジメした陰の気が増して次第に家族の気力が失われ、その結果、体調不良や病気になりやすくなります。家の明るさに気を配ることが健康運のカギです。

健康運をUPする風水

お清め風水 rule 009

↓

服をこまめに洗濯する

外出先には悪い気もウイルスもウヨウヨ。マメに洗濯してそれらを水に流そう。

外出から家に戻ったら服をこまめに洗濯！

洗濯槽も洗って厄落としを忘れずに！

身につけた衣服にはあちらこちらに漂う悪い気が取り憑きます。また、自分の体から出る汗や皮脂も衣服に生じる陰の気の原因に。下着やシャツ類は毎日かならず替えましょう。コートやジャケットについた陰の気を祓うには、ハンガーにかけて湿気を取り前にハンガーにかけて湿気を取ります。家で洗えるものはマメに洗濯して身も心もスッキリ。洗濯機は衣類についた厄を落としてくれる強い味方。とはいえ、これが汚れていたら洗浄力は落ち、厄を落とす効果が次第に失われてきます。洗濯槽にはカビなどもこびりついているので、定期的に酸素系漂白剤などでのクリーニングを！

健康運をUPする風水

お清め風水
rule
010

家の欠けに干支の動物を飾る

欠けているところに、その方位を司る動物を置けば、災いから守ってくれるので◎。

厄呼ぶ家の「欠け」を干支の動物で補う

ここがポイント！

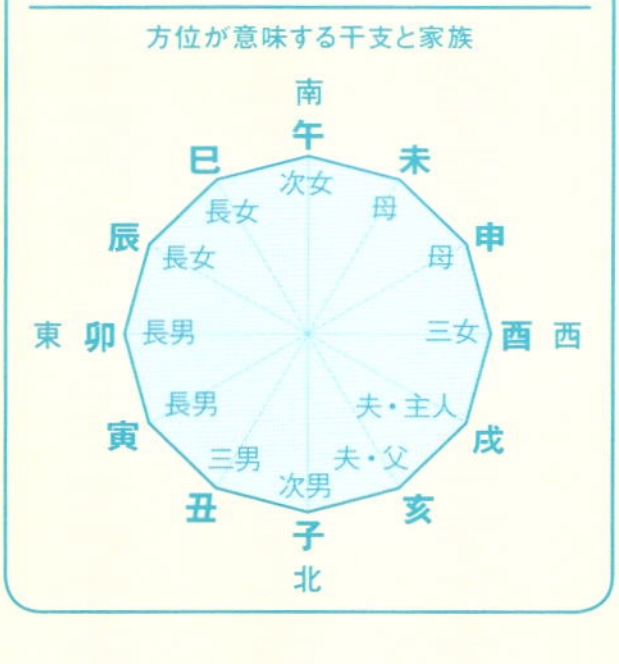

家の形も運気を左右する要因に

風水では家やマンションの形は、正方形もしくは長方形がベストです。家を取り巻く方位はすべて重要な意味を持つので、ひとつでも欠けている場所があれば、その方位が意味する家族に問題が起こるとされます。たとえば真北がへこんだ家なら、次男に健康上の問題が生じるなど。その方位を司る動物の置き物を飾って厄を防ぎましょう。

健康運をUPする風水

↓

赤い色を活用する

お清め風水
rule
011

落ち込んだときには赤い色のパワーが勇気をくれる。

赤い下着でポカポカ 体温も健康運もUP!

赤い色は活気や喜びごとを招く

赤い色には吉祥の意味があるだけでなく、風水では体や暮らしに活気をもたらすといわれています。赤は魔除けの色でもあり、健康維持のために部屋に赤い色の置き物を置くのも効果的です。赤い下着は健康を招くといわれるのもそのあたりから。赤い色のシールや赤いリボン、赤いストラップなど、身近な雑貨で使ってみましょう。また、赤は太陽の色で、強い気を持っています。身につけると熱を高めるとされるので、冷え性の人は赤い下着を着けると効果的。赤い鳥の置き物を置くと頭が冴えて、斬新なアイデアが浮かぶといわれます。赤い下着と赤い鳥で仕事運も健康運も上昇!

健康運をUPする風水

シャワーを浴びる

お清め風水 rule 012

夜のシャワーで1日の疲れも解消。朝シャワーで目覚めもスッキリ！

外で受けた悪い気をシャワーでリセット

朝シャワーでチャージ 夜は湯船でゆったり

ひとたび外に出れば、世間には悪い気がウヨウヨ。こうした外界の悪い気は、知らないうちに服や髪に取り憑き、体に染みこんでいます。疲れていても化粧は必ず落として寝ましょう。お風呂で体を洗えば悪い気も落ち、清潔になって良い気が流れます。気分をサッパリしたい時はシャワーを浴びると、血行促進、元気が回復します。また、シャワーは水流が皮膚に刺激を与えるので、湯船に浸かるより血圧が上がります。低血圧の人は朝シャワーで活力全開に。ただ、夜はシャワーの後、ゆっくり湯船に浸かることがオススメ。ぬるめのお湯で全身を温めることが大切です。

お清め風水
rule
013

恋愛運をUPする風水

花の種類や色は自由だが、自分の好きな花が効果的。

生け花を飾る

『桃花位』に花を飾り恋愛ムードを高める

花と色と香りを生活に取り入れる

中国では恋愛のことを『桃花』といいます。恋が成就したときの甘い気分を物語っているかのよう。『桃花位』は恋愛運を引き寄せる方位で、生まれ年別に異なります。家の中のその方位に、生花を飾っておくと恋愛運がUPします。毎日水を替え、しおれたら新しい花に替えておきます。カサブランカなどの香りの良い花がオススメ。

お清めmemo

桃花位に飾る花は生花で。鉢植は土が恋 愛運を下げるのでNG。ラッキーカラーの花瓶に生ければより効果的。生まれ年別桃花位と花瓶の色は以下になります。

［寅・午・戌→東／ブルー］
［巳・酉・丑→南／グリーン］
［申・子・辰→西／イエロー］
［亥・卯・未→北／ホワイト］

恋愛運をUPする風水

お清め風水 rule 014

つがいの動物を飾る

カップルの動物を見ていると人への優しい気持ちが芽生え、恋を自然と引き寄せる。

つがいのモチーフをいつも見る場所に飾る

待ち受けをペアにしわがままを封じる

家の中やオフィスのデスクまわりなど、常に目にするところに、カップルの動物の置き物や絵を飾っておきましょう。おしどり、かささぎ、龍、鳳凰などが、仲睦まじいカップルになっている置き物や雑貨小物を飾ることで、新たな出会いが生まれたり、恋人との仲がさらに良くなります。また、恋人との仲に問題があるときもペアの動物は効力を発揮します。気持ちに反して、つい彼にわがままを言ってしまい、いつも後悔している人は、携帯電話やスマホの待ち受けを、おしどりやかささぎなどペアの鳥に。仲の良い姿を目にすれば彼へのわがままも自然とおさまるはず。

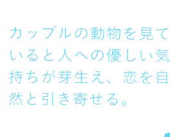

お清め風水
rule
015

恋愛運をUPする風水

トレンドアイテムを着こなせば、新しい自分に。大切なのは着て楽しく、自分に似合っていること。

新しい洋服を買う

新しい服を購入すると新しい人間関係が！

自分に似合う服が福を呼び寄せる

なかなか次の出会いに巡り会えない、と停滞気分だったら、着古した服や、運が悪いときに着ていた服はすっぱり処分しましょう。最先端の新しい服を身に着けると、新鮮な気をまとうことができます。古い人間関係や古い環境は一掃されて、新しい環境と新しい人間関係がやってきます。新鮮な気持ちで、出会いを楽しみましょう。新しい服を買う際に、トレンドを意識しても自分に似合わないものを選ぶのはNG。違和感や着心地の悪さを覚えたりする服は運気を下げてしまいます。自分に似合うものは、あなたを見る人に好印象を与え、新しい出会いや恋愛運を引き寄せてくれます。

恋愛運をUPする風水

お清め風水 rule 016

分かれた恋人の写真や手紙は処分して未来へ

終わったことと気持ちを切り替えて、明日という未来へ旅立とう。

昔の恋人の写真を捨てる

新しい靴で未来へとステップアップ！

甘く切ない記憶であっても、過去に縛られていると運気がどんどん下がってしまいます。思い切って昔の恋人の写真や手紙、メール、プレゼント類はすべて処分しましょう。すると心境にも変化が訪れます。過去から解放されて、未来の日々や出会いを求める気持ちが強まるはず。気分一新、新しい恋にのぞみましょう。別れた恋人が忘れられない。そんなときは履かなくなった靴を処分。玄関に不要な靴が並んでいると、過去の恋愛を引きずってしまいます。思い切って処分して、新しい靴を買ってみましょう。気分も変わるし、新しい靴が未来へと運んでくれます。

恋愛運をUPする風水

↓

暖かみのある光に変える

お清め風水
rule
017

花のデザインのランプシェードなど、照明器具もこだわって◎。

クールな光の蛍光灯は暖かい昼光色ライトに

明かりを選んでバランスを調える

寝室やリビングの照明が蛍光灯だったら、暖かみのある昼光色の電球に替えましょう。青白い光が適しているのは、デスク上を明るく照らす必要がある仕事のときのみ。恋愛モードには情熱が必要です。ピンク色で花のデザインのランプシェードなどロマンチックな照明器具にすると、出会いはよりいっそう早く訪れます。照明は、家の内外の陰陽バランスを調えてくれるので、風水上とても重要なアイテムです。玄関はじめキッチン、リビング、バスルーム、トイレなどの水回り、廊下などはできるだけ明るく。ただし、寝室だけはほかより暗めでやわらかいものが吉です。

恋愛運をUPする風水

お清め風水 rule 018

ローズなど花の香りのフレグランスをつける

振り返った時に髪から香るフローラルの香りで女性らしさを演出して◎。

香水をつける

恋の運気を盛り上げるバラの花びら紅茶

甘く優しい花の香りは、ロマンチックな恋愛を呼び寄せます。フレグランスはフローラル系、特にローズやユリがオススメ。バスタイムはローズ系のシャンプーや入浴剤を使い、寝室にもフローラル系のお香を焚き込めれば、恋愛運は一気に上昇します。ふとした時に髪から香るほのかな花の香りに誘われる異性が現れそうです。心を酔わせるようなバラの花の香りは、恋愛運や女子力を高めるのに効果を発揮してくれます。理想の相手にめぐり会いたいというときは、紅茶にバラの花びらを浮かべて飲んでみてください。ロマンティックな気運が高まり理想の人もすぐそこに。

お清め風水 rule 019

大きくて立派な天然木を家の顔にして◎。磨き上げた堂々とした表札が、仕事運上昇の要！

表札を上質で木製の立派なものに替える

危険！ 表札から名前が消えた!?

表札は家の顔として地位を表し、家主の社会的な運気を左右する存在です。紙に書いた簡単なものを貼っておく家がありますが、それは厳禁。シールや名刺を貼っただけというのもNGです。立派な表札でも名字などが薄くなっていたり消えていたら凶の暗示。すぐに文字を書き直すか、新しいものに替えましょう。運をみすみす手放すようなものです。木製の立派なものにつけ替えると、質の良い人々が訪れ、良い知らせが舞い込むようになり、仕事運が上昇。また、表札の上はホコリがたまりやすいので、いつもキレイにしておきます。つねにピカピカに磨いてさらに金運UP！

仕事運をUPする風水

お清め風水
rule
020

服装に気をつかう

デキる人のスタイルは、上質で時代の流れにそったものを身につけること。

時代のトレンドに合う服や靴を身に着ける

縁起物のモチーフでさりげない主張を

服装にはその人の意欲や信念、経済状態が表れます。ヨレヨレの服やいかにも安っぽい服、時代を無視した服を着ているなどでは、周囲の信頼感も薄れ仕事運は下降あるのみ。上質で時代の気分をまとった服を身につければ、アンテナも良好、高いスペックの人材と思われ、仕事運も急上昇していくはずです。時流に合ったスタイルを自然に取り入れているのが有能な人の特徴。とはいえ、極度にファッション先行で似合わないのもNG。上質なものを上品にスッキリ着こなしつつ、縁起物のモチーフのアクセサリーでさりげなく個性を表現しましょう。

仕事運

をUPする風水

↓

文昌塔は仕事運や勉強運に効果あり。気をコントロールするのに、効果的なアイテムの力を借りよう。

お清め風水
rule
021

仕事運に効果のある置き物を机に飾る

文昌塔を机に置く

学習のシンボル塔でプロジェクト成功！

中国の街に建つ文昌塔は七層か九層の塔で、学問のシンボル。これを模した置き物を机に置いておくと、成績UPや資格試験合格、立身出世などに効果があり、また芸術の才能も伸びるとされます。ほかには蝉の型の墨や毛筆――本か4本、般若心経の額、甲羅を持つ蟹や、甲の字がつく鴨などを象った置き物や雑貨小物を飾るのもオススメ。文昌塔は碧玉（へきぎょく）など、緑色の玉石で作られたものを選びます。机上か近くの書棚に飾ってもOK。現在進めているプロジェクトを成功に導いてくれるはず。ただし、ホコリをかぶらないように、まめに掃除することをお忘れなく。

仕事運をUPする風水

神棚や仏壇を掃除する

お清め風水
rule
022

感謝の気持ちを込めて、神棚や仏壇をいつもキレイに。超人的なパワーを敬うことで、目上の人を大切にする心を養う。

神棚や仏壇などの『神位』を掃除する

参拝で頭を下げて目上を敬うと吉

家の中で一番静かで落ち着いた場所に祀る神棚や仏壇。風水ではそれらを安置した場所を『神位』といいます。神さまやご先祖さまは、本来それを祀る者の味方。正しい祀り方をして心から願い事をし、努力を重ねれば、良い方向に導き力を貸してくれます。感謝の意味を込め『神位』はいつもキレイに掃除しておきましょう。神棚や仏壇は家の中で人智を超えた存在にアクセスできるスポット。ここを大切にすると同時に、寺社仏閣へのお参りもオススメ。風水に則ったパワースポットが多く、良い運気が得られます。また参拝で頭を下げることで、上司にかわいがられるように。

勢いのある龍のパワーを家内に取り込んで◎。龍の置き物に水をお供えすると、効果もUP。

お清め風水
rule
023

仕事運をUPする風水

玄関に龍を飾る

玄関に龍を飾って社会的な地位を上げる

皇帝のシンボルが問題解決に導く

「鯉は滝を昇り、登竜門を超えると龍になる」という伝説のように、龍は上昇運をもたらしてくれます。家の内側から玄関ドアに向かって左側の『青龍位』に、龍の置き物を置きましょう。左側に下駄箱や棚などがなかったら龍の絵を飾るのでもOK。仕事運を上げたり、出世を望む人に力を貸してくれます。中国で長い間、皇帝の輿にも効果あり。逆玉の輿の象徴とされてきた龍は、目上の人からの引き立て運を呼ぶとされます。仕事の人間関係に悩んだときは、デスクの左側に置くと問題解決につながります。龍は水を好むので、器に水を入れてお供えするとより効果的です。

仕事運をUPする風水

象の置き物を飾る

お清め風水
rule
024

何事にも動じない象は大きくてどっしり。頼りがいのある存在と人から思われるように。

象の置き物を飾って絶大な後ろ盾を得る

象パワーでどっしり安定感が人気を呼ぶ

会社の中や自営で孤軍奮闘。上司や権力者でバックアップしてくれる人がいない場合は？　家の背後に建物がないのは、風水上では上司や先輩、権力のある人の助力や庇護を得られない環境です。この場合は、部屋の中に象の置き物を置きましょう。玄関やエントランスと反対側になる位置に置くと、背後に山ができ、後ろ盾が現れます。その巨体と賢さで、不動の人気を誇る象。インドや中国では幸運を招く神や吉祥の動物として珍重されています。そんな象の置き物を飾ることで安定感がもたらされ、周囲の人望や信頼を集めて、社会的な後ろ盾を得て安定できるといわれます。

お清め風水ブック

林秀静（りんしゅうせい）

中国命理学研究家。台湾や香港の老師に教えを仰ぎ、風水学をはじめ、中国相法、八字、紫微斗数、卜卦などを幅広く修得する。2008 年に株式会社桂香を設立。2013 年より 3 年間台湾に留学。風水と紫微斗数を張玉正先生より学び、さらに研鑽を深める。執筆、講演、鑑定、企業コンサルタントをはじめ、テレビ、雑誌、ネットなどでも幅広く活躍。著書に、『日本で一番わかりやすい四柱推命の本』（PHP 研究所）、『大開運！風水事典』（宝島社）、『楊救貧の帝王風水』（太玄社）など多数。

【HP】www.lin-sunlight-fengshui.com

【ブログ・林秀静之天天風水】http://linsunlight.blog.fc2.com/

2017年12月25日 第1刷発行

著者	林秀静
発行者	塩見正孝
発行所	株式会社三才ブックス 〒101-0041 東京都千代田区神田須田町2-6-5 OS'85ビル 電話 03-3255-7995
印刷・製本所	株式会社 光邦

装丁	近藤みどり
編集	風間拓
イラスト	ミヤワキキヨミ、藤井昌子、藤田裕美